MERIAN *live!*

USA
Ostküste

Christine Metzger
Michael Hannwacker

W0057825

GRÄFE
UND
UNZER

Philadelphia – eine Stadt mit bedeutender Vergangenheit

INHALT

Willkommen an der Ostküste der USA

Die Ostküste der USA erleben

Sehenswerte Orte und Ausflugsziele

Routen und Touren

Wichtige Informationen

Karten und Pläne
USA Ostküste, nördlicher Teil: Klappe vorne; **USA Ostküste, süd-
licher Teil:** Klappe hinten; **Washington:** Umschlag Rückseite;
Boston: S. 48; **New York:** S. 64; **Philadelphia:** S. 80

Sie glauben, Amerika sei ein Land ohne Geschichte? An der Ostküste werden Sie eines Besseren belehrt, und das auf höchst vergnügliche Weise.

Wenn es eine Eintrittskarte in die USA gäbe, man müßte sie an der Ostküste lösen. Der Ticketschalter stünde in **Boston**, direkt am **Common**, dem ältesten öffentlichen Park der USA, und der junge Mann, der dort seinen Ferienjob erledigt, würde einem die Karte mit Informationsmaterial und einem freundlichen Lächeln überreichen: »Have a nice stay!« Schönen Aufenthalt!

Auf dem Common, zwischen alten Bäumen, auf denen sich graubraune Eichkätzchen tummeln, könnte man es sich dann bequem machen und das Material studieren. Da gäbe es bunte Prospekte: Die Schwanenboote in Boston wären zu sehen, wie sie majestätisch über den kleinen See im Park gleiten, und die dramatische Skyline von **New York**. Historisch gewandete Menschen spazierten durch Dörfer aus dem 17. und 19. Jahrhundert, alte baumbestandene Straßen und Häuser mit roten Fassaden charakterisierten **Philadelphia**, die grüne Mall mit dem bombastischen **Capitol** als Abschluß stünde für **Washington**, die Haupt-

Der Begriff Wolkenkratzer einmal wörtlich genommen…

stadt des Landes. »Beginnen Sie Ihre Reise in Boston, der Geburtsstätte der Unabhängigkeitsbewegung, und beenden Sie sie in **Jamestown**, der ersten permanenten Siedlung, die britische Auswanderer an der Ostküste gründeten«, stünde zu lesen, und auf einem Beiblatt fände man die landschaftlichen Höhepunkte der Ostküste präsentiert: die weiten Dünen vor **Cape Cod** in Massachusetts, die Sandstrände der **Outer Banks** südlich von Virginia. Die blauen Hügel, die das Tal des **Shenandoah** begrenzen, und die großartige Kathedrale, die die Natur aus Stalakmiten und Stalaktiten in den **Luray Caverns** schuf. Wälder, Wasserfälle, das weite Land der Amischen.

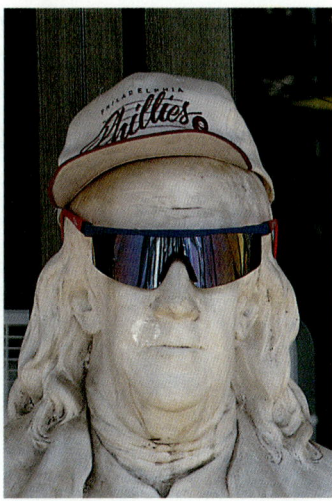

Fit für die 90er: Benjamin Franklin

Das macht Lust! Und so trinkt man noch schnell einen Kaffee in dem kleinen Coffeeshop gegenüber des State House, wo gerade die Regierungsangestellten um ihre Lunchbrote anstehen, und dann geht´s auf, hinein ins Abenteuer Amerika – von den Anfängen bis in die Jetztzeit.

Freiheit großgeschrieben

Natürlich gibt es keine Eintrittskarte für die USA. Amerika ist ein freies Land, und gerade an der Ostküste ist die Freiheit das alles beherrschende Thema: Frei sein von religiöser Verfolgung wollten die Puritaner, die England verließen und sich 1620 in Plymouth ansiedelten. Freiheit von der Besteuerung durch den britischen König strebten die Männer an, die die Loslösung der Kolonien von Großbritannien vorantrieben und 1776 in Philadelphia die **Unabhängigkeitserklärung** formulierten. Frei handeln, ohne den Beschränkungen durch europäische Mächte unterworfen zu sein – Amerika mußte lange kämpfen, bis das erreicht war. Frei seine Meinung äußern – der Prozeß, den ein Mann namens Peter Zenger, Herausgeber einer New Yorker Zeitung, 1735 führte, war ein Meilenstein in der Geschichte der Pressefreiheit. Eine freie Hauptstadt, in der keiner der Staaten mehr zu sagen hatte als der andere – dieser Wunsch führte dazu, mitten im Sumpf eine neue Stadt zu gründen: Washington. Freiheit für die Sklaven war Ergebnis, wenn auch nicht Motiv, für den **Sezessionskrieg,** den das Land 1861–1865 führte.

Beständig und wertbeständig

Freiheitsdrang und der Stolz auf ihre – für Amerika alte – Geschichte bestimmen auch das Denken und die Mentalität der Ostküstler. Immer wieder wird man in den Freilichtmuseen und bei Stadtführungen vom Tourguide hören, wie »very old« die Häuser, die Kirchen sind, meist gefolgt von einem entschuldigenden Lächeln in Richtung der Europäer und dem Zusatz: »Ich weiß, für euch ist das nicht alt...« Für die Amerikaner dagegen sind die Städte, die Industriedenkmäler der Ostküste uralt, hier liegen die Wurzeln ihrer Geschichte, hierher kommen sie aus allen Landesteilen, um die **Liberty Bell** in Philadelphia zu bewundern, um in den wunderbar konzipierten Freilichtmuseen wie **Plimoth**, **Jamestown** und **Wil**liamsburg oder dem grandiosen Einwanderermuseum **Ellis Island** ihre Vergangenheit zu suchen.

Alles, was für Amerika historisch, wirtschaftlich und intellektuell von Bedeutung war, hat an der Ostküste begonnen: die Unabhängigkeit von Großbritannien, die Industrialisierung, der Handel mit Asien, die erste eigenständige literarisch-philosophische Bewegung, der Bau der Eisenbahnnen, der zur Erschließung des Westens und damit zur Besiedlung des riesigen Kontinents führte. Was freilich heute aus diesem Westen kommt, sehen die meisten Ostküstler mit einem Stirnrunzeln: Der übertriebene Körperkult, die Abmagerungshysterie, die Health-food-Manie – bis diese Wellen an der Ostküste landen, haben sie ihren fanatischen Impetus verloren, sind sie nur

Auch in Metropolen ist Platz für Sport

noch abgeschwächte Ausläufer, mit denen sich leben läßt. Im Vergleich mit den Westküsten-Staaten mag man den Eindruck erhalten, die Ostküstler seien die Konservativeren, doch das stimmt nur eingeschränkt. Politisch gesehen trifft es bestimmt nicht zu: Ging doch ein Kennedy aus Massachusetts hervor, während ein Reagan in Kalifornien groß wurde. Wertkonservativismus wäre vielmehr das richtige Wort, um die Haltung der an der Ostküste lebenden Menschen zu beschreiben: Man ist stolz auf das Alte, pflegt Traditionen und wirft nicht alles über Bord, um um jeden Preis jeden Trend mitzumachen. Das ist, alles in allem, eine sehr europäische Haltung, und der Einfluß der Alten Welt ist in diesem Teil der Neuen denn auch spürbarer als in jedem anderen Landstrich der USA.

Die Wespen verteidigen ihr Nest

Die Ostküste wird zum überwiegenden Teil von den Menschen bewohnt, die auch im übrigen Amerika noch immer an den Schaltstellen der Macht sitzen. Man nennt sie »Wespen«, »Wasps«. Das ist die Abkürzung von White, Anglo-Saxon and Protestant. Wespen waren es, die Amerika besiedelten, sich gleich die süßesten Früchte schnappten und ihre Pfründe erfolgreich gegen jede neu hinzuwandernde Volksgruppe verteidigten.

Die Iren, zum Beispiel, die in großer Zahl Mitte des 19. Jahrhunderts nach Amerika kamen, nachdem eine Seuche die Kartoffelernte und damit die Lebensgrundlage von Abertausenden zerstört hatte, wurden diskriminiert und sofort auf den Platz

Princeton: Eine der wichtigsten Universitäten an der Ostküste

New York für die Reichen: der Trump Tower

verwiesen, den sie auch in Großbritannien innehatten: ganz hinten. Bis heute hat es in den USA nur einen einzigen Präsidenten gegeben, der nicht aus dem Wespennest kam: Es war **John F. Kennedy**, ein Katholik irischer Abstammung. Die feine Bostoner Gesellschaft hatte alles getan, um ihm und seiner Familie den Aufstieg zu vermiesen: So wurde Joseph P. Kennedy, Johns Vater, obwohl er einer der reichsten Männer der USA war, die Aufnahme in exklusive Clubs verweigert. Und wenn die lokale Presse über ihn schrieb, vergaß sie nie, ihn als »Iren« zu bezeichnen, worauf der alte Kennedy einmal mit folgendem Ausspruch reagierte: »Ich wurde hier geboren. Meine Kinder wurden hier geboren. Was zum Teufel muß ich tun, um Amerikaner zu sein?«

Elitedenken auch bei der Ausbildung

Auch wenn dieses Elitedenken in Boston besonders ausgeprägt sein mag, es beschränkt sich nicht auf die Stadt am Charles River. »First families« mit »old money« findet man in jeder Ostküsten-Stadt, die Nachkommen der Mayflower-Passagiere, des Schiffes, mit dem die Puritaner in Massachusetts ankamen, haben sich zu Clubs organisiert. Die Eliteschulen und -universitäten – **Harvard**, **Yale**, **Princeton** – sind voll mit jungen Leuten mit altem Namen und gut gefülltem Geldbeutel. Auch hier lebt Europa fort, hier hat sich in einem Land ohne Kaiser und König eine Schicht etabliert, die in ihrem Gebaren in nichts dem der europäischen Adeligen nachsteht.

Als Reisender kommt man den »first families« vor allem in den Museen nahe: In Amerika werden kulturelle Einrichtungen nicht staatlich subventioniert, sie gründen sich auf Stiftungen reicher Mäzene.

In **Newport**, Rhode Island, wird man staunend vor den Schlössern stehen, die sich die Reichen Ende des vorigen Jahrhunderts als Sommerresidenz erbauen ließen und mit feinem Understatement »cottages«, »Hütten«, nannten. Besucht man Museen, wie das **Isabella Stewart Gardner Museum** in Boston oder die **Frick Collection** in New York, die beide in Privathäusern untergebracht sind, kann man ermessen, welch unendlicher Reichtum hier von wenigen erwirtschaftet wurde.

Übersehen kann man freilich auch als Durchreisender nicht, daß die Kluft zwischen Arm und Reich in Amerika größer ist als man es in Mitteleuropa gewohnt ist. Dazu muß man gar nicht in große Slumgebiete fahren, die es in jeder Ostküstenstadt gibt – Bettler und Obdachlose bevölkern die Innenstädte, sind gerade da präsent, wo das große Geld ausgegeben und gemacht wird: auf der **Fifth Avenue** in New York, nahe dem **Weißen Haus** in Washington. 100 000 Obdachlose zählt man in New York, 10 000 in der Landeshauptstadt Washington.

Vom Sklaven zum Afroamerikaner

Betroffen vom sozialen Elend sind nach wie vor besonders viele der Menschen, die heute Afroamerikaner heißen. Mit diesem offiziell eingeführten Ausdruck sollte die Diskriminierung der Schwarzen – zumindest verbal – ein Ende nehmen. Auf dem Papier sind sie ja bereits seit 1865 gleichberechtigt, nur daß sich nach dem Sezessionskrieg de facto nicht viel an den Lebensbedingungen der ehemaligen Sklaven änderte. Erst als man während des Ersten Weltkriegs in den Städten Arbeitskräfte brauchte, begann die »Great Migration«, die Wanderung der Schwarzen vom ländlichen Süden nach Norden in die großen Städte. Zu dieser Zeit entstanden die großen Slums, in denen die Zuwanderer in Enge und unter denkbar schlechten Bedingungen lebten, andererseits aber die Chance hatten, eine eigene städtische Kultur zu entwickeln, sich zu organisieren und mit neuem Selbstbewußtsein um ihre Rechte zu kämpfen. So gingen die großen Aufstände von **Harlem** aus, hier marschierten **Martin Luther King** und **Malcom X** – beide mußten ihr Leben lassen, und Harlem reagierte mit blutigen Revolten.

Jüngste Auseinandersetzungen, wie die Krawalle in Washington im Mai 1991, zeigen, daß in der ethnischen Vielfalt, die die Städte der Ostküste charakterisiert, noch immer Zündstoff liegt: Die Asiaten, die in den letzten Jahren eingewandert sind und sich mit großem Fleiß gerade in den Slumvierteln als Geschäftsbesitzer etablierten, erregen wiederum den Neid und Haß derer, die es, obwohl sie schon seit Anbeginn in Amerika leben, nicht so weit gebracht haben.

Neben den Asiaten, die noch immer in verhältnismäßig geringer Zahl vertreten sind, sind seit den 50er Jahren immer mehr

LESETIP

Zwei Bücher, die den Blick hinter die Kulissen ermöglichen und die feinen Spielregeln der amerikanischen Gesellschaft preisgeben: Gore Vidals Roman **Washington D.C.** (Goldmann) handelt von der Macht und den Mächtigen von der Roosevelt-Ära bis zur Zeit McCarthys. Tom Wolfes **Fegefeuer der Eitelkeiten** (Kindler) wählt New York als Schauplatz und entwirft ein erschütternd ehrliches Sittenbild der Stadt.

Menschen aus der Karibik und Mittelamerika zugewandert. Man nennt sie »Hispanics«. In New York, so das Ergebnis der Volkszählung von 1990, stellen sie bereits fast ein Viertel der Bevölkerung und sind damit fast so stark vertreten wie die Schwarzen.

Städte und mehr

Wenn hier so viel von Städten die Rede ist, so hat das seinen Grund: Die Ostküste ist die am dichtesten besiedelte Region der USA. Die großen Metropolen mit ihren Kulturdenkmälern und phantastischen Museen sind das Hauptziel der Reisenden. Die Altstadt von Boston mit ihren engen Gassen, der Besuch des Guggenheim Museums oder des Metropolitan Museum of Art, Philadelphias historischer Distrikt und die prächtig angelegte Stadt Washington gehören unbedingt ins Besichtigungsprogramm bei einer Reise entlang der Atlantikküste.

Was die Landschaft betrifft, so darf man in diesem schmalen Streifen zwischen Massachusetts und Virginia, zwischen dem Atlantik und dem Gebirgszug der Appalachians keine so großartigen Parks und Monumente erwarten wie im Westen des Landes. Die Küsten und Inseln, die State Parks, der **Shenandoah National Park** bieten aber landschaftlich schöne Erlebnisse, Möglichkeiten zum Schwimmen, Wandern und Radfahren.

Wenn man seine Reisezeit wählt, sollte man allerdings bedenken, daß die Städte im Sommer heiß und aufgeheizt sind, man also mit mehr Muße und Vergnügen im Frühjahr oder Herbst reist.

Graffiti gehören in den USA zur Alltagskultur

Für die ersten Siedler war die lange, beschwerliche Reise per Schiff eine Tortur, heute ist es ein Hüpfer: der Sprung über den großen Teich in die Neue Welt.

Boston, Philadelphia und Washington sind per Nonstop-Flüge von Frankfurt aus zu erreichen, New York kann man ohne Zwischenlandung von Frankfurt, München, Düsseldorf, Berlin und Hamburg aus anfliegen.

Die Einreise nach Amerika ist sehr vereinfacht worden, seit man kein Visum mehr braucht. Die nötigen Formulare füllt man bereits im Flugzeug aus, dann läßt man sich am Flughafen von den bereitstehenden Helfern zu den Schaltern weisen, an denen **Foreign Visitors** abgefertigt werden. Dort sitzt ein **Immigration Officer**, der sich meist nur nach der geplanten Länge des Aufenthalts erkundigt und den Paß kontrolliert. Man muß aber damit rechnen, daß weitergehende Fragen gestellt werden, z. B. nach den finanziellen Mitteln, mit denen man die Reisen finanzieren will. In diesem Fall ist es hilfreich, wenn man eine Kreditkarte oder Reiseschecks vorweisen kann. Nachdem man seinen Stempel erhalten hat, holt man das Gepäck und geht durch den Zoll. Um die historische Kontinuität zu

Idealer Einstieg für die Ostküste: der Logan Airport in Boston

wahren, ist es sinnvoll, die Fahrt entlang der Ostküste von Norden nach Süden durchzuführen: von Boston, der ältesten Metropole, nach Washington, der jüngsten, zu reisen.

Boston bietet sich überhaupt als ideale Stadt für den Einstieg in die Ostküste an: Der Logan Airport ist übersichtlich und stadtnah gelegen – ganz im Gegensatz zum Beispiel zum JFK Airport in New York. Die Stadt ist freundlich und sicher; man wird sich hier sofort vertraut fühlen und auch als Amerika-Neuling nicht das Gefühl haben, in einem bedrohlichen Chaos gelandet zu sein. Hier kann man sich einstimmen, seinen Jetlag überwinden, und wenn man dann nach New York kommt, ist man fit für das Riesenangebot, das nie endende Nachtleben und die Hektik dieser Stadt.

Verbindungen zwischen Flughäfen und Städten

Boston: Der Logan Airport liegt stadtnah im Hafenbecken auf aufgeschüttetem Land. Anbindung: U-Bahn, Wassertaxi, Taxi.

New York: Der JFK Airport liegt 24 km von Manhattan entfernt. Anbindung: Bus/U-Bahn-Kombination, Bus, Taxi.

Der Newark Airport liegt 26 Kilometer von Manhattan entfernt. Anbindung: Bus, Taxi.

Philadelphia: Der Philadelphia Airport liegt im Süden der Stadt. Anbindung: Airport Speed Line, Taxi.

Washington: Der Dulles International Airport ist mit dem Taxi in ca. 45 Min. zu erreichen.

In New York findet man sich dank der guten Ausschilderung leicht zurecht

Für Ausflüge ist das Auto wichtig, in den Städten ist es dagegen nur teurer Nonsens. Deshalb: Mietwagen und öffentliche Verkehrsmittel kombinieren.

Daß in Amerika schon Halbwüchsige (ab 16 Jahren) Auto fahren dürfen, wird niemanden wundern, der seinen Wagen über US-Highways gelenkt hat: Es ist tatsächlich ein Kinderspiel. Auf dem Land sind die Straßen breit und durch Tempolimits entschärft. In den Städten wird die Orientierung durch das Rastersystem, in dem viele Orte angelegt sind, erleichtert. An der Ostküste geht es allerdings ein wenig ruppiger zu. Geschwindigkeitsbegrenzungen werden nicht ganz so ernst genommen, und Rücksicht steht nicht sonderlich weit oben im Verkehrsknigge. Trotzdem: Italienische Verhältnisse oder gar Chaos à la Paris brauchen Sie nicht zu fürchten.

Die Verkehrsregeln in den USA entsprechen im wesentlichen den unsrigen. Auffälligste Ausnahmen sind, daß man trotz roter Ampel rechts abbiegen darf, sofern kein Auto in Sicht ist, und daß auf mindestens zweispurigen Straßen rechts überholen erlaubt ist. Und dann sind da noch die bereits erwähnten Tempolimits, die Ihre Fahrt auf Geschwindigkeiten zwischen 25 und 65 Meilen beschränken.

Mietautos

Es ist klug, das Auto schon zu Hause zu buchen, vielleicht sogar in Verbindung mit dem Flug. Damit fahren Sie wesentlich billiger als mit der kurzentschlossenen

Praktisch und relativ günstig: Taxis

Miete vor Ort. Mieten Sie ohne Kilometerbegrenzung (**unlimited mileage**) und schließen Sie eine Unfallversicherung ab. Sie tragen möglicherweise sonst die Unkosten für Schäden an Ihrem Auto auch bei Unfällen, die Sie nicht verschuldet haben. Mieten Sie Ihren Wagen schon am Flughafen an; damit sparen Sie sich die teure Taxifahrt zum Hotel. Alle Autovermieter bieten an den Flughäfen Shuttle-Dienste an: Sie werden mit Bussen vom Ankunftsterminal zu den Parkplätzen gebracht, wo Sie die Mietverträge unterschreiben und Ihr Auto übernehmen können. Wenn Sie Ihr Auto abholen, müssen Sie bei dem Verleiher Ihre Kreditkarte als Sicherheit vorlegen.

So einfach das Fahren in Amerika ist – problematisch wird es, wenn man stehen, sprich parken möchte. In den Innenstädten einen Parkplatz zu finden, ist schier unmöglich; die Betreiber der Parkhäuser sind direkte Nachkommen der Straßenräuber, in den Hotels, die **valet parking** anbieten, zahlt man bis zu 20 $ pro Tag für diesen Service. Meiden Sie auf der Parkplatzsuche auf jeden Fall die **tow-away zones**, denn hier wird garantiert abgeschleppt. Wenn Sie Ihr Auto nicht im Blickfeld haben, deutet besser nichts in seinem Innern darauf hin, daß sich ein Einbruch lohnen würde.

Angesichts dieser Widrigkeiten ist zu überlegen, ob man sich nicht nur tageweise für die Ausflüge und für die Strecke zwischen Boston und New York ein Auto mietet, in den Städten aber die öffentlichen Verkehrsmittel benutzt und die Fahrt von New York nach Washington mit dem Zug zurücklegt.

Busse

Busreisen, zum Beispiel mit dem Greyhound, sind wegen der gedrängten, mitunter sogar etwas liederlichen Atmosphäre eigentlich nur Reisenden ohne besondere Ansprüche zu empfehlen. Die Wartehallen der Busbahnhöfe zeigen alle Anzeichen des Transits. Hier treffen sich Reisende, die sich teurere Verkehrsmittel nicht leisten können.

Züge

Dagegen sind manche der glänzend renovierten Bahnhöfe an der Ostküste, etwa **Grand Central** in New York oder **Union Station** in Washington, selbst regelrechte Sehenswürdigkeiten. Sie tragen mit zur Attraktivität der Bahn bei, die zwar nicht Amerikas Transportmittel Nummer eins ist, mit der sich aber gerade die Ostküste hervorragend bereisen läßt. Im Prinzip ist sie sogar schneller als das Flugzeug, denn wie in Europa liegen die Bahnhöfe mitten in den Stadtzentren.

Innerstädtischer Verkehr

Alle Städte der Ostküste verfügen über eine U-Bahn und ein sehr gut ausgebautes Busnetz. Taxis sind relativ preiswert; man winkt sie herbei. Taxistände wie bei uns gibt es nicht.

Man bekommt das, was man bezahlt: familiäre Landresorts oder Bed-and-Breakfast-Pensionen, traditionsreiche Stadthotels oder einfache Motels.

Phantastische Vielfalt kennzeichnet die Hotellerie an der Ostküste – gleich, welchen Geschmack, Anspruch oder Geldbeutel man hat, man wird etwas finden, das einem zusagt. Selbst Motels, die zu den preiswertesten Unterkünften zählen, sind in der Regel sauber und mit all den Annehmlichkeiten ausgestattet, die der Durchschnittsamerikaner erwartet: Telefon, Fernsehen, Aircondition und Dusche. Gewarnt sei allerdings vor superbilligen Hotels in den Großstädten: Sie liegen meist in schlechten Vierteln,

sind unsicher und von Dauermietern bewohnt, die zu den sozialen Randgruppen gehören. Prüfen Sie also solche Angebote gründlich, und geben Sie in den Städten für Ihre Sicherheit lieber ein paar Mark mehr aus.

Bei den angegebenen Preisen ist zu beachten, daß immer noch mindestens eine Steuer hinzukommt, sie variiert je nach Staat und Stadt. Als Kostenfaktor sind auch die Trinkgelder hinzuzurechnen: Je besser das Hotel, in dem man absteigt, desto höher das Trinkgeld: 1 $ für den Boy, der

Hotelketten sind sehr beliebt in den USA

das Auto parkt, 1 $ pro Gepäckstück für den Kofferträger, 1 $ für den, der einem ein Taxi ruft – das addiert sich.

Reservieren und Handeln

Vorher zu reservieren ist in jedem Fall angebracht, vor allem im Nordosten sind die Hotels zur Herbstzeit, wenn die **foliage** (Laubfärbung) die Touristen anlockt, ausgebucht. Auch um den **4th of July** und den **Labor Day** ist es nicht immer einfach, eine Unterkunft zu finden. Ist keine Hochsaison und hat man nicht im voraus gebucht, ist es durchaus möglich zu handeln. Wenn man am Abend kommt, fallen die Preise – bevor das Zimmer leer bleibt, gibt das Rezeptionspersonal schon mal einen Discount. Alle großen Stadthotels, in denen während der Woche Geschäftsleute verkehren, bieten Wochenend-Specials. Frühstück ist generell nicht im Preis inbegriffen; nur im Bed and Breakfast gehört´s, wie der Name sagt, dazu.

Bed and Breakfast

Wenn man über Land fährt und die prächtigen Villen sieht, die makellos weiß auf manikürtem Rasen stehen, bekommt man richtig Lust, da mal hineinzuschauen, zu sehen, wie die Leute leben, wie sie eingerichtet sind. Wer in B&Bs absteigt, kann sich diesen Wunsch erfüllen. Die Frühstückspensionen sind fast alle in alten Häusern untergebracht, in denen auch die Gast-

geberfamilie lebt. Sie sind mit Antiquitäten eingerichtet und liebevoll dekoriert – so liebevoll, daß es schon manchmal überladen und kitschig wirkt. Auf Fernsehen und Telefon im Zimmer verzichten viele B&B-Besitzer – hier soll man sich richtig entspannen, abends zusammen im Kaminzimmer sitzen und miteinander plaudern. Denn auch das macht das Übernachten in den B&Bs so reizvoll: Man trifft Leute aus verschiedensten Teilen der USA, sitzt zusammen an der reichlich gedeckten Frühstückstafel und tauscht Erfahrungen aus. Meist über andere B&Bs, wo´s auch so nett war... B&Bs gibt es übrigens nicht nur auf dem Land. Auch in den Städten findet man sie immer häufiger; sie sind dort über spezielle Bed-and-Breakfast- Vermittlungsstellen zu buchen.

Die Preise für die einzelnen B&Bs variieren. Es gibt solche, die wenig Luxus und Zimmer mit Gemeinschaftsbad bieten und in der Unteren Preisklasse anzusiedeln sind, andere liegen in der Mittleren Preisklasse.

Hotels sind bei den einzelnen Orten im Kapitel »Sehenswerte Orte und Ausflugsziele« beschrieben.

Preisklassen

Die Preise gelten für eine Übernachtung im Doppelzimmer für zwei Personen ohne Frühstück.
Luxusklasse: ab 275 $
Obere Preisklasse: ab 200 $
Mittlere Preisklasse: ab 120 $
Untere Preisklasse: ab 75 $

Das Meer deckt den Tisch mit seinen Köstlichkeiten: Hummer im Norden, Krabben im Süden. Dazwischen Düfte aus allen Küchen der Welt!

Wer die amerikanische Küche bislang immer nur von der Hamburgertheke der international etablierten Fast-Food-Restaurants aus gesehen hat, wird seine freudige Überraschung erleben und sich von seinem Vorurteil verabschieden müssen, daß es in der Neuen Welt zwar alles, aber keine Eßkultur gebe. Vor allem an der kultivierten Ostküste findet man phantastische Restaurants, die den internationalen Vergleich nicht zu scheuen brauchen. Inspirierend macht sich gerade hier die Völkervielfalt bemerkbar. Ein-

wanderer aus Rußland, Italien, Äthiopien, Indien, China, Japan, Thailand, Portugal, Mexiko... eröffneten in den Städten der Ostküste ihre Lokale, verkaufen Gewürze und Zutaten für ihre Gerichte und machen auch die heimischen Köche neugierig: Die Dominanz der britischen Küche, die in Amerika jahrhundertelang spürbar war und zum berechtigt schlechten Ruf der Kochkünste der Amerikaner geführt hat, wurde in den letzten Jahrzehnten gebrochen. Bereitwillig nehmen Amerikas Köche fremde Einflüs-

Französische Küche wird im Chillingsworth auf Cape Cod serviert se auf, experimentieren und schaffen Neues. Das – manchmal übertriebene – Gesundheitsbewußtsein tut das Seine: Insgesamt kann man an der Ostküste gut, leicht und vollwertig essen, wobei man lediglich in den Gourmettempeln dabei tief in die Tasche greifen muß. In kleinen **ethnic restaurants**, die von Indern, Koreanern, Chinesen oder Einwanderern aus der Karibik geführt werden, ißt man sogar ausgesprochen preisgünstig.

Die Früchte des Meeres

Als die ersten Einwanderer im Nordosten ankamen, fanden sie Fisch und Hummer in Mengen vor. Kabeljau wurde ihr erstes und lange Zeit wichtigstes Exportgut, und der Hummer wuchs ihnen bald zu den Ohren heraus. So klagt einer in einer zeitgenössischen Quelle, daß er, als Gäste zu Besuch kamen, nichts als Hummer vorzusetzen hatte! Dieses harte Schicksal müssen die Nachfahren der ersten Siedler nicht mehr teilen: Hummer, eine durch Überfischen und Umweltverschmutzung gefährdete Spezies, ist heute eine begehrte Delikatesse. Trotzdem ist er an der Ostküste lange nicht so teuer wie bei uns; in Boston und am Cape Cod erhält man ihn zu Preisen, die durchaus eine Hummerorgie erlauben. Menschen, die dabei nicht mit den Händen zupacken können, sind allerdings orgieuntauglich: Der Hummer wird nämlich ganz serviert, der Gast erhält eine Schürze und ein

Meeresfrüchte sind der kulinarische Tip!

nußknackerähnliches Gerät, und dann geht's an die Arbeit. Der »Homarus americanus« lebt an der Küste von Labrador bis zu den Carolinas, der beste **Lobster** kommt aus Maine. Man unterscheidet beim Bestellen – und Bezahlen – zwischen **hardshell** und **softshell**: Im Sommer wechseln die Hummer ihre Schalen, die neuen, in die sie hineinwachsen, sind anfangs weich, also »softshell«.

Eine Spezialität des Südens sind **softshell crabs**. Sie kommen aus der **Chesapeake Bay** und werden in der weichen Schale gesotten oder frittiert. Vor Cape Cod fischt man Jakobsmuscheln (**scallops**). Man unterscheidet zwischen den kleinen **bay scallops** und den großen **sea scallops**.

Andere Länder, andere Sitten

Das Wichtigste, was man beim Betreten eines Restaurants wissen muß, ist, daß man nicht in wilder germanischer Art auf einen Tisch zustürmt und ihn für sich okkupiert. Da steht meist ein **host** oder eine **hostess**, und deren Job ist es, einem einen Tisch zuzuteilen. Hat man gegessen, so ist es nicht üblich, sitzenzubleiben und nur noch Wein oder Bier zuzusprechen – das kann man an der Bar tun. Wer mit dem Essen fertig ist, wird durch die diskret präsentierte Rechnung dazu aufgefordert, den Tisch zu räumen – die nächsten Gäste warten schon. Beim Zahlen rundet man nicht auf; man läßt die 15–20 Prozent **tip** extra auf dem Tisch liegen. Dieses Bedienungsgeld ist der Lohn des Kellners, nicht ein Zubrot, wie bei uns. Seien Sie also bitte nicht knausrig. Nur bei schlechtem Service ist es angebracht, weniger als 15 Prozent zu geben.

Reservieren ist generell angebracht. Meist übernimmt das das Hotel für Sie. Wo man keinen Tisch bestellen kann, muß man mit Wartezeiten rechnen. Gehen Sie also nicht erst zum Essen, wenn Ihnen der Magen schon knurrt; man muß manchmal 30 bis 40 Minuten warten, bis ein Tisch frei wird. Gute Lokale verlangen, daß man anständig gekleidet ist, wobei das für Herren bedeutet, daß sie ohne Krawatte und Jackett keinen Zutritt haben. Jeans sind auch bei Damen nicht angebracht.

Wann und wo

Das traditionelle amerikanische Frühstück ist reichlich: Eier und Kartoffeln, Schinken (besonders köstlich der **Virginia ham**) und Würstchen, Pfannkuchen mit Ahornsirup begossen gehören dazu. Zum Tagesauftakt geht man am besten in einen der **Coffee Shops**; in den Hotels ist das Frühstück um ein Vielfaches

DER BESONDERE TIP

Dinieren hoch über den Dächern von Boston. Zwischen den einzelnen Gängen aufstehen und zur Live-Musik ein Tänzchen wagen… Das kennen Sie nur aus alten Filmen? In Boston können Sie´s erleben! Das altehrwürdige, direkt am Public Garden gelegene Ritz-Carlton-Hotel hat seine Dachterrasse wiedereröffnet! Unbedingt – am besten schon von Deutschland aus – reservieren. 15 Arlington Street, Tel. 617-536-5700, Fax 536-9340, Luxusklasse ■ I 1

teurer. Der Kaffee fließt am Morgen reichlich – unaufgefordert wird er nachgegossen, und das, ohne daß man für jede Tasse extra zahlt. Wer gesund leben will, kann den Tag auch mit Joghurt und Früchten beginnen.

Das Mittagessen besteht in der Regel aus einem Sandwich oder einem Salat. In allen großen Städten (außer New York) gibt es alte Markthallen, die zu wahren Freßtempeln ausgebaut wurden – dort findet man die verschiedensten kleinen Restaurants, die Gerichte aus aller Welt anbieten.

Die Hauptmahlzeit nimmt man am Abend zu sich.

Wein und Bier

Der beste Wein kommt aus Kalifornien. Mit einem Chardonnay, einem fruchtigen Weißwein, liegt man immer richtig. Aber auch Virginia produziert guten Wein, den man vor Ort probieren sollte. Das Bier, das aus den Großbrauereien wie Miller, Budweiser, Pabst, ... kommt, macht Mitteleuropäer meist nicht glücklich. Es haben sich aber in den letzten Jahren immer mehr kleine Brauereien etabliert, die deutlich bessere Qualität liefern. Fragen Sie also nach »local brews«, oder gehen Sie in eines der Lokale, die direkt in den Gasträumen brauen.

Einige der kleinen Lokale besitzen keine Lizenz zum Alkoholausschank; deshalb müssen Sie aber den Abend nicht trocken verbringen: BYOB heißt das Zauberwort – es bedeutet »Bring your own bottle« – und geht so: Sie kaufen sich Bier oder Wein in einem der Geschäfte, und der Wirt steuert den Korkenzieher und die Gläser bei.

Restaurants sind bei den einzelnen Orten im Kapitel »Sehenswerte Orte und Ausflugsziele« beschrieben.

Preisklassen

Die Preise beziehen sich jeweils auf ein Menü ohne Getränke, Steuern und Trinkgeld.
Luxusklasse: ab 60 $
Obere Preisklasse: ab 40 $
Mittlere Preisklasse: ab 20 $
Untere Preisklasse: unter 20 $

Coffee Shops findet man überall an der Ostküste

DIE OSTKÜSTE DER USA ERLEBEN

Eßdolmetscher

A

alcoholic beverages: alkoholische Getränke
almonds: Mandeln
anchovies: Sardellen
appetizer: Vorspeise
apple: Apfel
– juice: Apfelsaft
– sauce: Apfelmus
apricot: Aprikose
asparagus: Spargel

B

bacon: Speck
bagel: hartes (jüdisches) Brötchen
bass: Barsch
beans: Bohnen
beef: Rind
– broth: Fleischbrühe
– Wellington: Filet im Brotteig
beer: Bier
– imported beer: importiertes Bier
– light beer: leichtes, helles Bier
– on tap: Bier vom Faß
biscuit: Keks, Plätzchen
bisque: Hummer- oder Krebssuppe
black pudding: Blutwurst
blueberries: Heidelbeeren
boiled: gekocht
– potatoes: Salzkartoffeln
boar: Wildschwein
braised: geschmort, gedünstet
brandy: Weinbrand
bread: Brot
bream: Brasse
brill: Meerbutt
brisket: Brust(stück) vom Rind
broiled: gegrillt
brown bread: Schwarzbrot
Brussels sprouts: Rosenkohl
bun: weiches Brötchen
butter: Butter

C

cabbage: Kohl
cake: Kuchen, Torte
camomile tea: Kamillentee
candy: Bonbons, Süßigkeiten
capon: Kapaun
caraway: Kümmel
carp: Karpfen
carrots: Karotten
casserole: Eintopfgericht
cauliflower: Blumenkohl
celery: Sellerie
cereal: Getreideflocken
champagne: Sekt
chateaubriand: Filetsteak
cheese: Käse
– cake: Käsekuchen
cherries: Kirschen
chestnut: Eßkastanie, Marone
chicken: Huhn
chives: Schnittlauch
chocolate: Schokolade
chop: Kotelett
clam chowder: dicke Suppe von Kartoffeln und Muscheln
chuck steak: Schultersteak
cider: Apfelwein
cinnamon: Zimt
clams: Muscheln
club sandwich: gedeckte Weißbrotscheibe mit Salatblatt, Tomate, heißem Speck, kaltem Huhn und Mayonnaise
club steak: Filetsteak
cocktail: Mixgetränk
cod: Kabeljau
coffee: Kaffee
– with cream: Kaffee mit Sahne
– with ice-cream: Eiskaffee
– with milk: Kaffee mit Milch
– decaffeinated coffee: koffeinfreier Kaffee
– cake: Hefekuchen
cold cuts: Aufschnitt
coleslaw: Krautsalat
cooked: gekocht
cookies: Plätzchen
cordial: Likör
corn: Mais

crab: Taschenkrebs
cranberry: Preiselbeere
– juice: Preiselbeersaft
crawfish: Krebs
crayfish: Flußkrebs
– soup: Krebssuppe
cream: Sahne
– soup: Cremesuppe
crustaceans: Krusten- und Schalentiere
cucumber: Gurke
cup: Tasse
curry: Curry
cutlet: Schnitzel

D

dark beer: dunkles Bier
dates: Datteln
dessert: Nachtisch
diet: Diät
dish of the day: Tagesgericht
domestic beer: einheimisches Bier
donut: eine Art Berliner
drawn butter: ausgelassene Butter
dressing: Salatsoße
drinking water: Trinkwasser
dry wine: trockener Wein
duck: Ente
dumplings: Klöße

E

eel: Aal
egg: Ei
eggnog: (ähnlich wie) Eierlikör
eggplant: Aubergine
endives: Endivien, Chicorée
entrée: Hauptgang

F

fennel: Fenchel
figs: Feigen
fish: Fisch
– soup: Fischsuppe
flounder: Flunder
fowl: Geflügel
french fries: Pommes frites
fried: in der Pfanne gebraten

Origineller Marktverkäufer
in Philadelphia

– eggs: Spiegeleier
– potatoes: Bratkartoffeln
– sausage: Bratwurst
fruit: Obst
– juice: Fruchtsaft

G

game birds: Wildgeflügel
garlic: Knoblauch
ginger ale: Ingwerbier
gin and tonic: Gin mit Tonicwasser
goose: Gans
gooseberry: Stachelbeere
goose liver: Gänseleber
grape: Weintraube
– juice: Traubensaft
gravy: Bratensoße
green beans: grüne Bohnen

H

haddock: Schellfisch
halibut: Heilbutt
ham: Schinken
hard-boiled egg: hartgekochtes Ei

hare: Hase
haricot beans: weiße Bohnen
hazelnut: Haselnuß
heart: Herz
herbal tea: Kräutertee
herbs: Kräuter
herring: Hering
honey: Honig
horseradish: Meerrettich
hot chocolate: heiße Schokolade
house wine: Hauswein

I, J

ice-cream: Speiseeis
– cake: Eistorte
Irish coffee: Whiskey mit heißem Kaffee, Zucker und Sahne
– stew: Eintopf mit Kohl und Hammelfleisch
jellied: in Aspik
jelly: Gelee

K

kale: Grünkohl
Kippers: Bückling
kipper: Bückling

L

lamb chop: Lammkotelett
leek: Lauch, Porree
leg of lamb: Lammkeule
lemon: Zitrone
– squash: ausgepreßter Zitronensaft
lemonade: Zitronenlimonade
lentils: Linsen
lettuce: Kopfsalat
liver: Leber
lobster: Hummer
loin: Lendenstück

M

mackerel: Makrele
malt-beer: Malzbier
Manhattan: Bourbon Whiskey und Wermut
maple syrup: Ahornsirup
marmalade: Orangenmarmelade
mashed potatoes: Kartoffelbrei
Martini: Gin und Wermut
may wine: junger Wein
mead: Honigwein
meat: Fleisch

Fischgerichte gehören an der Ostküste einfach dazu

– balls: Fleischklößchen
medium rare: halb durchgebraten
milk: Milch
– shake: Milchmixgetränk mit Eis
und Früchten
minced meat: Hackfleisch
mineral water: Mineralwasser
mint: Minze
morellos: Sauerkirschen
morels: Morcheln
muffin: kleine, runde Semmel
mulled wine: Glühwein
mullet: Seefisch
mushrooms: Pilze
mussels: Miesmuscheln
mustard: Senf
mutton: Hammel

N

night cap: Schlummertrunk, letzte
Bestellung
noodles: Nudeln
nuts: Nüsse

O

octopus: Tintenfisch
oil: Öl
onions: Zwiebeln
orange juice: Orangensaft
– squash: ausgepreßter Orangensaft
oxtail: Ochsenschwanz
oysters: Austern

P

pancake: Pfannkuchen
parsley: Petersilie
partridge: Rebhuhn
pastry: Gebäck, Kuchen
patty shell: Pastetchen
peach: Pfirsich
peanuts: Erdnüsse
pear: Birne
peas: Erbsen
pepper: Pfeffer
peppermint tea: Pfefferminztee
peppers: Paprikaschoten
pickles: eingelegte Gurken, Blumen-

kohl, Zwiebeln
pie: Pastete, Torte
pike: Hecht
pike-perch: Zander
pineapple: Ananas
– juice: Ananassaft
plaice: Scholle
planter's punch: Fruchtsaft mit Rum
plums: Pflaumen
poached eggs: verlorene Eier
pork: Schweinefleisch
pork chop: Schweinekotelett
porridge: Haferbrei
port: Portwein
porterhouse steak: großes Steak mit
Filetstück und Knochen
potatoes: Kartoffeln
potatoes in their jackets: Pellkar-
toffeln
pot-roast: Schmorbraten
poultry: Geflügel
prawn: Garnele
produce: frisches, meist rohes
Gemüse
prunes: Backpflaumen
puff pastry: Blätterteig
pumpkin: Kürbis

Q

quail: Wachtel
quince: Quitte

R

rabbit: Kaninchen
radish: Radieschen, Rettich
raisins: Rosinen
rare: fast roh
raspberries: Himbeeren
red cabbage: Rotkohl
– currants: rote Johannisbeeren
– wine: Rotwein
rhubarb: Rhabarber
rib: Rippe
– roast: Rippenstück
rice: Reis
roast: Braten
roasted: im Ofen gebraten
roll: Brötchen

rosé: Roséwein
rye bread: Roggenbrot

S

salad: Salat
salmon: Lachs
sandwich: belegtes Brot
sauce: Soße
sausage: Wurst
scrambled eggs: Rühreier
scrod: junger Kabeljau
seafood: Meeresfrüchte
semolina: Gries
shellfish: Schalentiere
shoulder: Schulterstück
shrimps: Garnelen, Krabben
side dish: Beilagen
sirloin steak: Lendensteak
slice: Scheibe
smoked: geräuchert
snails: Schnecken
snapper: Zackenbarsch
soft-boiled egg: weichgekochtes Ei
sole: Seezunge
soup: Suppe
sour cream: saure Sahne
soy sauce: Sojasoße
spareribs: Rippchen
sparkling wine: Schaumwein
spinach: Spinat
spirits: Spirituosen
spread: Brotaufstrich
squash: Kürbis
squid: Tintenfisch
steak: Rindfleisch
steamed: gedämpft
stewed: geschmort
stout beer: dunkles, starkes Bier
strawberries: Erdbeeren
sub oder *submarine:* reichlich belegtes Sandwich
stuffed: gefüllt
sugar: Zucker
sweetbread: Kalbsbries
sweets: Süßspeisen
sweet wine: süßer Wein
swordfish: Schwertfisch
syrup: Sirup

T

table wine: Tischwein
tart: Törtchen
T-bone steak: Steak mit Filetstück und Knochen
tea: Tee
– with lemon: Tee mit Zitrone
– with milk: Tee mit Milch
tench: Schleie
tenderloin: Filetstück
toddy: Whisky mit heißem Wasser und Würfelzucker
tomato juice: Tomatensaft
trout: Forelle
tuna fish: Thunfisch
turbot: Steinbutt
turkey: Truthahn
turnips: weiße Rüben

V

veal: Kalb
vegetable: Gemüse
vegetarian salad: Rohkostsalat
venison: (Rot)Wild
vermouth: Wermut
vinegar: Essig

W

wafers: dünne Waffeln
waffles: Waffeln
walnut: Walnuß
well-done: gut durchgebraten
wheat: Weizen
whipped cream: Schlagsahne
white cabbage: Weißkohl
whole milk: Vollmilch
wine by the glass: offener Wein
– light wine: leichter Wein
– white wine: Weißwein

Y

yam: süße Kartoffel

Dank günstigem Dollarkurs: Wer sparen möchte, fährt zum Einkaufen in die USA. Und zittert, wenn er daheim durch den Zoll gehen muß.

Nicht zuletzt durch den günstigen Dollarkurs sind die USA mittlerweile zur Wühlkiste der Welt geworden. Auf kaum einem Gebiet ist Onkel Sam derzeit zu unterbieten. Ob es sich um Unterhaltungselektronik, Designer-Jeans oder Tennisschläger handelt, fast alles ist in Amerika preiswerter (zwischen 30 und 70 Prozent) als daheim. Die Gestade des Einkaufsparadieses reichen natürlich auch bis an die Ostküste. Einkaufen und Sightseeing werden eins. Eine Besichtigung von New Yorks **Fifth Avenue** oder Bostons **Newbury Street** wäre unvollständig ohne einen Blick in den **Trump Tower** oder die Schaufenster von **Brooks Brothers**. Die **Commercial Street** in Provincetown oder die **Antique Row** in Philadelphia sind allein schon wegen ihrer Läden Sehenswürdigkeiten. **Outlet Stores** wie der in einem ehemaligen Lagerhaus untergebrachte **Howland Place** in New Bedford haben sicher nicht viel weniger Besucher als die National Gallery in Washington. Und auch dort gibt es einen Museumsshop…

Das Angebot an Kleidung reicht von Jeans bis Designerklamotten

27

DIE OSTKÜSTE DER USA ERLEBEN

Der Konsumrausch und seine Folgen

Solche Möglichkeiten wecken beim ohnehin schon zahlungsfreudigen Homo touristicus unerhörte Einkaufstriebe. 1994 beispielsweise hat er sie mit Besorgungen im Gesamtwert von nicht weniger als 80 Milliarden Dollar befriedigt.

Doch wie alle Triebe schafft natürlich auch der Konsumrausch Probleme: Wohin mit all dem Zeug? Es gibt Hoteliers, die von Gästen berichten, die ein Extrazimmer zur Lagerung ihrer Einkäufe angemietet haben. Aber wie haben sie dann alles von dort in ihren Reisekoffer gepackt? Die Lösung lautet: Gar nicht. Sie haben die Sachen verschifft!

Die Eleganz dieser Lösung wird schlagartig jedem klar, der seine neuen Besitztümer nicht selbst nach Hause zu schleppen braucht. Doch es gibt noch weitere Vorteile: Wer nämlich seine voluminöseren Konsumartikel verschifft, braucht die notorisch unnachsichtige Übergewichtspolitik der meisten Airlines nicht mehr zu fürchten. Außerdem bewahrt man den heimischen Zoll vor der Aufgabe, all die Mitbringsel aus dem Koffer fischen zu müssen – um festzustellen, daß die Freigrenze überschritten worden ist.

Am geschicktesten benimmt sich freilich derjenige, der seinen Einkauf direkt vom Geschäft verschiffen läßt. Auf diese Weise spart man sich nämlich nicht nur die Mühen der transportsicheren Verpackung, sondern in manchen Staaten auch noch die **sales tax**. Die großen Kaufhäuser haben alle eigene **shipping departments**, die den Versand übernehmen. Bis die Ware ankommt und das Konsumglück die eigenen vier Wände erfüllt, muß man allerdings einige Wochen warten…

Aber auch dann, wenn Sie Ihr selbst verschnürtes Paket zum **post office** tragen, werden Ihre Kosten weit unter dem liegen, was Sie zu Hause für etwas Ver-

Wer hier nicht das Passende findet…

28

gleichbares ausgeben müßten. Falls Sie zu Hause überhaupt etwas Vergleichbares finden würden…

Der leidige Zoll

Daß Shopping in den USA »in« ist, wissen natürlich auch die Zöllner, die zu Hause am Flughafen warten und den Konsumfreudigen mit sicherem Auge an den nagelneuen Turnschuhen oder Jeans erkennen. Die Freigrenze für Waren, die man im Reiseverkehr einführt, beträgt 350 DM; alles, was darüber liegt, muß verzollt werden. Nun ist es bei den vielen Schnäppchen, die man in den USA bekommt, natürlich schwer zu sagen, ob die Jeans nun 50 oder 30 $ gekostet haben. Die Frage ist also: Hebt man Rechnungen auf, um zu beweisen, wie billig alles war, oder steckt man sie vor der Abreise in ein Couvert und schickt sie zu sich nach Hause, um einen vielleicht schnüffelnden Zöllner nicht darauf aufmerksam zu machen, was man alles gekauft hat. Übrigens: Wer seine Einkäufe heimschickt, muß immer zahlen: Zoll und die 15 Prozent Mehrwertsteuer. Frei per Post einführen darf man nur Güter unter 50 DM. Die Rechnung muß dem Zoll vorgelegt werden. Ob man in den USA die **sales tax** zurückerstattet bekommt, wenn man Waren ausführt, hängt vom Staat ab – man fragt am besten in dem Geschäft, in dem man kauft.

Nicht nur Jeans und Timberlands

Zugegeben: Das Angebot an Textilien und Designerkleidung ist verlockend, und auch an den billigen Turnschuhen kann man kaum vorbeigehen. Doch es hieße unter anderem auch die kulturelle Eigenständigkeit der USA mißachten, wenn man von dort nur Schnäppchen aus dem internationalen Warenangebot mitnähme. Für den aufmerksamen Beobachter gibt es nämlich durchaus eine Vielzahl von Pro-

…kauft seine Preziosen im Trump Tower

dukten, die nicht nur typisch amerikanisch, sondern auch von bestechender handwerklicher Qualität sind.

Dazu gehört zum Beispiel das Kunsthandwerk der Indianer oder die ganze Palette von bestens verarbeiteten **outdoor garments**, also Sport- und Freizeitartikel. Massachusetts zum Beispiel ist traditionell Werkstätte von edlem Schuhwerk. Wer das richtige Auge dafür hat, kann zwischen Boston und Washington zum Beispiel auch besonders schöne Möbel finden. Breit ist das Angebot an der Ostküste aber auch an Antiquitäten (und das nicht nur, weil dazu in Amerika alles zählt, was vor dem Zweiten Weltkrieg datiert ist). Schön, wertvoll und dann eben doch nicht ganz billig sind Gläser aus Sandwich, Schnitzereien von Walfangschiffen (**scrimshaw**), Einrichtungsgegenstände der Shaker oder Quilts der Amish.

Der Schock kommt hinterher

Damit Ihr Kaufrausch nicht endet, wenn Ihnen das Geld ausgeht, dürfen Sie keinesfalls Ihre **Kreditkarten** vergessen. Denn wer seine Rechnung mit **cash** begleicht, erntet keineswegs die Achtung, sondern allenfalls das Mißtrauen des Personals auf der anderen Seite des Ladentresens. Außerdem ist das Herumtragen dicker Geldbündel auf den Straßen der Ostküsten-Metropolen wenig ratsam.

Machen Sie's also wie die Amerikaner und zahlen Sie mit Plastik. Zu Hause wird Ihnen dann die Abrechnung beweisen, wie umfangreich Ihre Ersparnisse wären, wenn Sie nicht soviel ausgegeben hätten.

DER BESONDERE TIP

Auf der Suche nach dem etwas anderen Mitbringsel sollte man in die **Shops der unzähligen Museen** an der Ostküste gehen. Über das übliche Angebot an (allerdings wunderschönen) Postkarten, Postern und Büchern hinaus gibt es dort herrliche Nachbildungen besonders dekorativer Ausstellungsstücke oder sehr attraktives Kunsthandwerk. Highlight in dieser Gruppe ist der **Verkaufsraum des Museum of Modern Art** in New York. Das Angebot an wohl durchdachten, edel geformten oder extrem gestylten Haushaltsgegenständen scheint schier unübersehbar. Auch viele Serienprodukte, die das Museum wegen ihres guten Designs in seine Sammlung aufgenommen hat, werden hier verkauft.

Strände, Zoos, Aquarien, Freilicht- und Kindermuseen – die Ostküste ist geradezu ein ideales Familien-Reiseziel für kleine und große Touristen.

Die USA sind ein extrem kinderfreundliches Land, so extrem, daß man sich schon manchmal fragt, ob Kinder wirklich alles dürfen müssen, was sie im Moment wollen. Für mit Kindern reisende Eltern freilich hat das einen sehr nervenberuhigenden Effekt. Man wird keine schiefen Blicke ernten, wenn der Youngster einen zehnminütigen Wut- und Schreianfall im Lokal bekommt oder beschließt, auf der Fahrt von New York nach Philadelphia im Zug ohne Unterlaß und falsch zu singen. In allen Mittelklasselokalen gibt es Hochstühle und Kindermenüs, an den Highways und in den Museen findet man Wickelräume. Viele Städte haben spezielle Museen für Kinder, nahezu jedes Museum hat spezielle Ausstellungen, wo es den Kleinen erlaubt ist, Objekte anzufassen oder Räume, wo sie spielen können. Einzig in den teuren Restaurants ist es nicht üblich, Kinder zu einem exklusiven Dinner mitzunehmen. Dafür organisieren alle guten Hotels Babysitter. Auch Kinderbetten stehen in fast allen Hotels zu Verfügung.

Die Welt der Meere zum Greifen nahe: Aquarium in Baltimore

Aquarien

Die Aquarien in **Boston** (→ S. 50), **Mystic Seaport** (→ S. 93) und **Baltimore** (→ S. 41) bieten spektakuläre Einblicke in die Unterwasserwelt. Kinder können Seesterne, Krabben und andere Meerestiere berühren. Interessant ist auch das:

New Jersey State Aquarium at Camden

Man erreicht es von Philadelphia aus mit dem Riverbus, der von Penn's Landing ablegt. In dem riesigen Wassertank ist ein Schiffswrack zu sehen.

Camden, New Jersey
Tel. (609) 365-3300
Tgl. 9.30–17.30 Uhr
Eintritt: Erwachsene 9.95 $, Kinder von 2–12 Jahren 6.95 $

Busch Gardens

Erwachsene mögen ihre Probleme damit haben, in Amerika in einen Vergnügungspark zu gehen, der ausgerechnet die Alte Welt nachbildet, aber Kinder werden sich hier sicher amüsieren. Es gibt 39 verschiedene Fahrbetriebe, darunter Achterbahnen, Wildwasserfahrten und – eine Flußfahrt auf dem Rhein!

Williamsburg, Virginia
Tel. (804) 253-3350
Tgl. 10–17 Uhr
Eintritt: Erwachsene 27.95 $, Kinder von 3–6 Jahren 21.50 $

Freilichtmuseen

Geschichte muß nicht langweilig sein, das beweisen die Freilichtmuseen **Sturbridge Village** (→ S. 108), **Plymouth** (S. 61) **Mystic Seaport** (→ S. 93), **Jamestown** (→ S. 113) und **Williamsburg** (→ S. 112). Sie sind didaktisch sehr gut aufgebaut und bieten auch für Kinder etwas: Kutschenfahrten, Spielplätze, Bootsfahrten...

Kindermuseen

Diese großen Städte haben speziell für Kinder eingerichtete Museen:
Boston: Children's Museum
300 Congress Street
Tel. (617) 426-8855
Sa–Do 10–17 Uhr, Fr 10–21 Uhr; Sept.–Juni Mo geschlossen
Eintritt: Erwachsene 7 $, Kinder von 2–15 Jahren 6 $
(→ S. 50)

DER BESONDERE TIP

Wenn Ihre Kinder sowieso schon aus allem herausgewachsen sind, dann packen Sie nur das Nötigste für den Flug und die ersten Tage ein. Sie können in den USA Spielzeug und Kinderkleidung – auch von bekannten Designern – um ein Vielfaches billiger kaufen. Die großen Spielzeuggeschäfte, die Sie in verschiedenen Städten finden, und in denen Ihre Kinder bestimmt ausflippen, sind FAO Schwarz und Toys'R'Us. Und wenn die Sachen dann gebraucht und nach drei Wochen so richtig schön dreckig sind, wird bei der Einfuhr bestimmt kein Zöllner auf die Idee kommen, daß Sie Ihre Freigrenze überschritten haben...

New York: Children's Museum of Manhattan
212 W. 83rd Street
Tel. (212) 721-1234
Im Sommer Mi–Mo 10–17 Uhr,
sonst Mo, Mi, Do, 13.30–17.30 Uhr
Fr–So 10–17 Uhr
Eintritt: Erwachsene und Kinder
über 2 Jahre 5 $

Washington: Capital Children's Museum
800 3rd Street
Tel. (202) 543-8600
Tgl. 10–17 Uhr
Eintritt: Erwachsene und Kinder
über 2 Jahre 6 $

National Air and Space Museum
Ein absoluter Hit für Kinder aller
Altersstufen: In diesem Museum in
Washington kann man in Raum-
schiffe steigen, die Mondlandung
nachvollziehen und Flugzeuge aller
Art bestaunen. (→ S. 100)

Wale beobachten
Von Boston und von Cape Cod aus
werden im Sommer mehrstündige
Bootstouren angeboten, bei denen
man Wale beobachten kann.
New England Aquarium (→ S. 50)

Provincetown Whale-Watch
MacMillan Pier
Tel. (508) 487-3322
Tour: Erwachsene 18 $, Kinder von
8–11 Jahren 14 $

Zoos
New York: Mitten im Herzen der
Stadt, im Central Park, gibt es einen
Zoo (bei der 64th St.) und einen
Streichelzoo. Letzterer ist täglich
von 10–16.30 Uhr geöffnet und ko-
stet 10 c Eintritt. Der Central Park
Zoo öffnet Mo–Fr von 10–16.30 Uhr,
Sa und So von 10.30–17.30 Uhr.
Eintritt: Erwachsene 2.50 $, Kinder
von 3–12 Jahren 50 c

Spazierfahrt im Central Park
in New York

Providence: Ein sehr hübscher klei-
ner Tierpark liegt im Roger Williams
Park: Der Roger Williams Park Zoo.
Tel. (401) 785-3510
Tgl. 9–17 Uhr, im Winter nur bis
16 Uhr
Eintritt: Erwachsene 4 $, Kinder von
3–12 Jahren 2.50 $

Philadelphia: Im Fairmount Park
liegen die Zoological Gardens,
in denen es einen Kinderzoo gibt.
Tel. (215) 243-1100
Zoo: Mo–Fr 9.30–17 Uhr, Sa und So
9.30–18 Uhr
Kinderzoo: tgl. 10–16.30 Uhr
Eintritt: Erwachsene 8 $, Kinder von
2–11 Jahren 5.50 $

Washington: Der National Zoologi-
cal Park ist u. a. für seine beiden
Pandabären bekannt.
Tel. (202) 673-4800
Tgl. 8–20 Uhr, im Winter nur bis
18 Uhr
Eintritt frei

Sport wird in Amerika großgeschrieben, keine Sportart, die hier nicht vertreten ist. Und an der Ostküste gibt's jede Menge schöner Strände.

Nicht nur was die persönliche Fitneß betrifft, ist Amerika eine sportorientierte Nation. Auch der Zuschauersport nimmt eine immens wichtige Rolle ein und strukturiert den Jahresablauf der Nation. Die wichtigsten Sportarten, die Millionen an den Fernseher bannen, sind Baseball, Basketball, Football und Eishockey. Alle Städte besitzen bekannte, hochdotierte Mannschaften, und wenn die Spieler einer Disziplin, wie in den letzten Jahren geschehen, in Streik treten, ist das eine Angelegenheit, in die sich sogar der Präsident einmischt. Eine wichtige Rolle spielt auch der Universitätssport. Jedes College stellt Mannschaften zusammen, und deren Siege tragen einen nicht unwesentlichen Teil zur Verbesserung der wirtschaftlichen Situation der als freie Unternehmen geführten Institutionen bei. Der wohl verbreitetste Mannschaftssport ist Baseball. Wie bei uns eine Gemeinde ohne Fußballplatz undenkbar wäre, so prangt in jedem Ort Amerikas ein Baseballfeld, auf dem die Kinder schon von klein auf trainieren. Wer sich während seines Urlaubs an der Ostküste fithalten will, hat dazu mannigfach Gelegenheit. Ein Fitneßstudio gehört zur Ausstattung aller besseren Hotels, viele verfügen auch über einen Pool, in dem man seine Runden drehen kann.

Lieblingssport: Football

Golf

In Amerika ist Golf Volkssport und wird ohne elitäres Getue betrieben. Das heißt natürlich nicht, daß es nicht auch exklusive Greens gibt, auf denen sich der Geldadel tummelt. In der Regel aber können Sie jeden Platz bespielen, selbst ohne Club-Mitgliedskarte und Handicap-Nachweis. Einer der besten **golf courses** des Nordostens liegt in der Nähe der Amish Country in **Hershey**, einem Ort, in dem die gleichnamige Schokoladenfabrik ihr Reich hat. Der **Hershey Country Club** verfügt über zwei Golfplätze, wobei der westliche höhere Anforderungen stellt als der östliche. Information Tel. (800) 533-3131.

Joggen

Alle joggen in Amerika, und wenn Sie diesem Sport frönen, wird sich immer an der Rezeption Ihres Hotels jemand finden, der Ihnen eine Strecke vorschlägt, auf der Sie sich am Morgen auslaufen können. Große Hotels drucken **jogging maps**, auf denen günstige Laufstrecken eingetragen sind.

Tennis

Alle Resorthotels verfügen über gepflegte Plätze, die man gegen geringe Gebühr mieten kann. Viele Gemeinden bieten auch in den Parks frei zugängliche Tennisplätze, auf denen man umsonst spielen kann. Es sind allerdings keine Sandplätze, oft sind sie nicht sehr gut in Schuß. Wer einmal dort spielen möchte, wo Boris Becker seine Aufschläge plaziert, kann dies im **USTA National Tennis Center** in Flushing in Queens, New York, tun; dort dürfen auch Touristen spielen. Information Tel. (718) 592-8000.

Wandern

Markierte Wanderwege unterschiedlicher Länge und Schwierigkeitsgrade findet man in den verschiedenen **State Parks** der Ostküste. Sie führen in unberührte Natur – Gasthäuser zum Einkehren wird man hier nicht finden. Ideales Wandergebiet ist der **Shenandoah National Park** (→ S. 112).

Strände

Cape Cod ■ K 2
Hohe Dünen und Klippen charakterisieren die **National Seashore** von Cape Cod, ein 11 000 ha großes Naturschutzgebiet mit Marschland und Wald. Badesaison Ende Mai bis September.

East Beach ■ K 3
Auf **Chappaquiddick Island**, der Insel, die durch den tragischen Unfall, in den Edward Kennedy verwickelt war, traurige Berühmtheit erlangte, liegt dieser einsame Strand, an dem sich die wilde Brandung bricht. Vogelliebhaber finden hier ihr Paradies. Die Insel liegt östlich von Martha´s Vineyard. Badesaison Juni bis September.

Moshup Beach ■ I 3
An der Südwestspitze von **Martha´s Vineyard** bei Gay Head gelegener ruhiger Sandstrand. Man erreicht ihn nur zu Fuß, das Auto läßt man auf dem Parkplatz in Gay Head stehen. Badezeit Juni bis September.

Ocracoke ■ D 10
An der Südspitze der **Outer Banks**, einer der schönsten Strandlandschaften der Ostküste, kann man Strandfreuden ohne jeden Rummel genießen. Die Ostküste ist ideal zum Surfen. Badezeit Ende Mai bis September.

Ob neapolitanische Heilige oder chinesische Götter – im Festkalender des Vielvölkerstaats haben sie ebenso Platz wie die amerikanischen Nationalhelden.

Bunt wie das Völkergemisch der Ostküste ist auch der Festkalender. Wenn's ans Feiern geht, besinnt sich jede noch so amerikanisierte Nation ihrer Wurzeln und packt die Gelegenheit beim Schopf, bunte Umzüge zu veranstalten, typische Gerichte aufzutischen, zu tanzen und zu musizieren. So begeht zum Beispiel die große irische Gemeinde in Boston im März ihren **Saint Patrick's Day**, in den Chinatowns wird im Januar das **chinesische Neujahr** gefeiert, die Italiener New Yorks gedenken im September **San Gennaro,** und die Deutschen treten im selben Monat zur **Steuben Day Parade** an. An Penn's Landing in Philadelphia feiert jede Woche eine andere Nation, und in Washington, der Hauptstadt, die alle Zugewanderten unter einen Hut bringen muß, findet nahezu immer irgendeine besondere Veranstaltung statt.

Wenn gefeiert wird, bedeutet das jedoch keineswegs, daß auch immer Feiertag ist – kein Wunder bei der Zahl der Feste!

Kulinarisches gehört zum San Gennaro Fest immer dazu

Januar/Februar
Chinese New Year
Laut und bunt geht es zu, wenn die Chinesen am ersten Vollmond nach dem 19. Januar das neue Jahr einläuten. Besonders exzessiv wird dieses Fest in New York gefeiert, wo sich eine der größten Chinatowns der USA befindet. Zehn Tage lang verwandelt sich dann die Gegend um die **Mott Street** in die Bühne eines riesigen Spektakels.

März
Cherry Blossom Festival
Ende März, Anfang April, wenn die berühmten japanischen Kirschbäume Blüten tragen, eilen nicht nur die Fotografen ans **Tidal Basin** in Washington. Das Ereignis wird auch mit einer Parade, Shows, Konzerten und einem Lampionfest gefeiert. Genaue Daten in der Tagespresse.

April
Patriot´s Day
Des historischen Ritts von Paul Revere und William Dawes gedenkt man in Boston am dritten Montag im April. Kostümierte Reiter verlassen die Stadt um 10 Uhr und machen sich auf nach Lexington, wo die Schlacht nachgespielt wird, die den Beginn der bewaffneten Auseinandersetzung zwischen den Briten und den Kolonisten darstellte. Am Patriot´s Day findet auch der älteste Marathon für Profiläufer, der **Boston Marathon**, statt.

Juli
Independence Day
Ganz Amerika begeht den 4. Juli, den Tag der Unterzeichnung und Verlesung der Unabhängigkeitserklärung. In den großen Städten finden Umzüge statt, die 4th-of-July-Feuerwerke sind legendär. Familien und Freunde ziehen zum Picknick an den Strand.

September
Labor Day
Der erste Montag im September, der Tag der Arbeit, markiert das Ende des Sommers. Danach müssen die Kinder wieder in die Schule, die Universitäten beginnen das akademische Jahr. Auch für die Tourismusindustrie hat dieser Tag Bedeutung: Nach Labor Day verkürzen viele Museen ihre Öffnungszeiten, Sommerresorts schließen die Pforten. Für Konsumfreudige ist dies ein großer Tag: Überall finden »back to school« -Verkäufe mit sagenhaft günstigen Angeboten statt.

Oktober
Halloween
Der große Tag der Kinder: Sie ziehen verkleidet von Haus zu Haus und fordern mit der Drohung »trick or treat« (gib uns was, oder wir spielen dir einen Streich) Süßigkeiten oder andere Gaben. Die Erwachsenen veranstalten am 31. Oktober Kostümfeste, alle Geschäfte und Häuser sind mit Vampiren, Spinnweben und Geistern dekoriert. Vor den Häusern stellt man geschnitzte Kürbisse auf.

November
Thanksgiving
Am 4. Donnerstag des Monats gedenkt man der ersten Ernte, die die Siedler von Plymouth einbringen konnten. Thanksgiving ist ein Familienfest. Traditionell werden Truthahn, Süßkartoffeln und Kürbiskuchen serviert.

Dezember
Neujahr
Der Neujahrstag wird in Philadelphia als Kostümfest begangen. Zigtausende von Menschen aller Nationalitäten ziehen durch die Stadt.

Die Stadt, die sich von allen Ostküsten-Metropolen auf den ersten Blick am wenigsten lieblich zeigt, hat ihren ganz eigenen spröden Charme.

Baltimore

■ C 6

Baltimore ist keine Stadt, die sich auf den ersten Blick erschließt – dazu ist sie zu spröde, zu sehr von den Spuren ihrer industriellen Vergangenheit gekennzeichnet. Ein Feuer, das 1904 wütete, legte die gesamte Innenstadt vom Hafen bis hinauf zum **Mount Vernon** in Schutt und Asche, so daß es keine Altstadt mehr gibt, die man in bewährter Ostküstenweise in eine liebliche, leicht verkitschte Kulisse für Candy-, Kerzen-, T-Shirt-Geschäfte und Restaurants verwandeln könnte.

Allenfalls **Fell´s Point**, der Teil Baltimores, in dem sich früher das Zentrum der Schiffbauindustrie befand, erfuhr diese Art von Lifting, doch trägt das alte Viertel immer noch die rauhen, vom Hafenmilieu geprägten Züge. In den hübsch renovierten Häusern befinden sich Bars, Restaurants und kleine Hotels. Fell´s Point ist der ideale Ort, um abends auszugehen und in den düsteren Bars Country-music und Blues zu hören.

Baltimore, ursprünglich als Tabakhafen gegründet, besitzt noch heute einen der größten Häfen der USA. Die Stadt profitierte von der Öffnung des Westens, Getreide, Kohle und Erdölprodukte wurden hier verladen. Später, als die Eisen- und Stahlindustrie ihren Aufschwung nahm, wurden auch diese Produkte über Baltimore exportiert. 1830 nahm die »Baltimore & Ohio Railroad« als erste Eisenbahnlinie der USA ihren Betrieb auf, die Stadt avancierte zum wichtigen Verkehrsknotenpunkt.

Wie in allen anderen Städten der Ostküste verfiel der Hafen, als die Luftfahrt an Bedeutung gewann, die Krise der Stahlindustrie tat ein weiteres, um die Seefahrer- und Arbeiterstadt in eine tiefe wirtschaftliche Depression zu stürzen. Leben kehrte in den 70er Jahren zurück, als man sich auch in anderen Ostküsten-Städten Gedanken machte, was mit den alten, vor sich hingammelnden Hafenanlagen zu tun sei.

In Baltimore begann eine Stadtsanierung, die als Paradebeispiel in die moderne amerikanische Geschichte einging: Das Viertel **Inner Harbor** zieht heute Tausende von Touristen an. Ein modernes U-Bahn-System macht auch andere Stadtviertel leicht zugänglich, so ist zum Beispiel **Lexington Market**, die alte Markthalle, zum Gourmet-Zentrum geworden.

Abends besonders stimmungsvoll: Inner Harbor

SEHENSWERTE ORTE UND AUSFLUGSZIELE

Hotels und andere Unterkünfte

The Admiral Fell Inn
Wunderschön restauriertes und mit Antiquitäten eingerichtetes Haus in Fell's Point. Einige Zimmer mit Blick auf den Platz und den Hafen.
888 South Broadway
Tel. 522-7377, Fax 522-0707
37 Zimmer
Mittlere Preisklasse (AE, DC, EC)

Harbor Court Hotel
Ausgestattet wie ein luxuriöses Privathaus überblickt diese brandneue Herberge das glitzernde Hafenbecken.
550 Light Street
Tel. 234-0550, Fax 659-5925
203 Zimmer
Obere Preisklasse (AE, DC, EC, Visa)

Inn at Henderson's Wharf
Historisches Hotel in ehemaligem Tabaklager direkt am Wasser in Fell's Point.
1000 Fell Street
Tel. 522-7777, Fax 522-7087
38 Zimmer
Mittlere Preisklasse (AE, DC, EC, Visa)

Spaziergang

Dies ist ein »Spaziergang«, wie ihn Gehfaule lieben: Wer ein Tagesticket für's Water Taxi (3.25 $) kauft, kann alle Punkte im Inner Harbor per Boot ansteuern und seine Beine schonen. Ausgangspunkt für die Erkundung ist Harborplace, das 1980 eröffnete Gebäude, in dem Geschäfte und Restaurants untergebracht sind. Auf der stufenförmig angelegten Terrasse zum Wasser hin finden im Sommer Veranstaltungen statt, treten Musiker und Straßenkünstler auf. Prunkstück des Hafens ist die »Constellation«, das älteste Schiff der amerikanischen Marine, das

1797 hier in Baltimore gebaut wurde. (Zu besichtigen: im Sommer 10–17 Uhr, Eintritt 2,50 $). Am Paddle Boat Dock kann man Boote mieten. Den Blick von oben über die Anlage genießt man von der Aussichtsterrasse Top of The World, die im World Trade Center, einem fünfeckigen Gebäude vom Stararchitekten I.M. Pei, untergebracht ist. (Im Sommer Mo–Fr 10–16.30 Uhr, Sa 10–18.30 Uhr, So 11–17.30 Uhr, Eintritt: 2 $).

Die größte Attraktion des Inner Harbor ist das National Aquarium: Über Rampen und auf Treppen spaziert man durch den riesigen Wassertank, in dem Haie und andere Fische ihre Kreise ziehen. Das Zentrum des Inner Harbor besteht aus modernen Gebäuden – die alten waren zu zerfallen, um zur Restaurierung zu taugen.

An Lagerhallen und Reminiszenzen an Baltimores Vergangenheit kommt man vorbei, wenn man mit dem Wassertaxi zum Museum of Industry fährt, das in einer alten Austernkonservenfabrik untergebracht ist. Hier wird die Industriegeschichte der Stadt nachvollzogen, eine Reihe von Handwerksläden und Werkstätten aus dem 19. Jh. sind zu besichtigen. (Im Sommer tgl. außer Mo 12–17, Sa 10–17 Uhr, Eintritt: 3,50 $).

Schließlich ist Fell's Point ein Punkt auf der Route des Taxis, der rechte Ort, um etwas zu essen, einzukaufen und das Nachtleben Baltimores zu genießen. Wer nun doch etwas zu Fuß gehen möchte, spaziert durch Little Italy, ein authentisch erhaltenes Viertel italienischer Auswanderer, das sich nordwestlich von Fell's Point erstreckt, zur Pratt Street, über die man wieder Harborplace erreicht. Insgesamt sollte man sich für die Erforschung des Inner Harbor einen Tag Zeit nehmen.

Sehenswertes

Mount Vernon
Baltimores elegantere Seite lernt man in diesem Viertel kennen, das vom großen Feuer 1904 verschont blieb und sich daher noch mit einer ganzen Reihe von Bauten aus dem 18. Jh. schmücken kann. Zentrum des Viertels ist das **Washington Monument** mit der Statue von George Washington; von hier aus kann man die hübschen Nebenstraßen erkunden. An der Ecke Monument/North Charles Street steht das **Peabody Institute**; in dem Neo-Renaissance-Gebäude ist das bekannte Konservatorium der Stadt untergebracht. Unbedingt sehenswert ist seine Bibliothek, die **George Peabody Library** (So geschl.).

National Aquarium
In der spektakulären Architektur am Rande des inneren Hafens sind Haie, Delphine, Rochen und kleinere Wassertiere zuhause.
501 East Pratt Street
Juli, Aug. So–Do 9–18, Fr–Sa bis 20 Uhr, sonst tgl. 10–17 Uhr
Eintritt: 11.50 $

Star-Spangled Banner Flag House
Hier wurde die Flagge mit 15 Sternen und Streifen genäht, die das Lied auf das »Star-Spangled Banner« inspirierte.
844 Pratt Street
Mo–Sa 10–16 Uhr
Eintritt: 2 $

Westminster Hall and Burying Ground
Neben der Presbyterianer-Kirche liegt Edgar Allan Poe begraben, der einige Jahre seines Lebens in Baltimore verbrachte.
West Fayette Street/Greene Street

Museen

B&O Railroad Museum
Das größte Eisenbahn-Museum Amerikas besitzt Lokomotiven und Züge ab 1829.
901 West Pratt Street
Tgl. 10–17 Uhr
Eintritt: 5 $

Babe Ruth Birthplace/Baltimore Orioles Museum
Hier wird die Baseball-Legende des Landes gefeiert, und einer der großen Vereine des Landes feiert gleich mit. Nebenan steht das neue Stadion der **Orioles**, auch ohne Spieler ein eindrucksvoller Bau.
216 Emory Street
April–Okt. tgl. 10–17 (bei Heimspielen bis 19), sonst bis 16 Uhr
Eintritt: 4,50 $

Great Blacks in Wax Museum
Wachsfigurenkabinett berühmter afrikanischer Amerikaner von Billie Holiday (die um die Ecke geboren wurde) bis Malcolm X.
1601 East North Avenue
Di–Sa 9–18, So ab 12 Uhr;
16. Okt.– 14. Jan. bis 17 Uhr
Eintritt: 5.50 $

Walters Art Gallery
6000 Jahre Kleinkunst und Kunsthandwerk der großen Weltkulturen.
600 North Charles Street
Di–So 11–17 Uhr
Eintritt: 4 $ (Sa 11–12 Uhr frei)

Essen und Trinken

Bertha´s
Köstliche Kneipe im Amüsierviertel Fell´s Point. Spezialität: Muscheln.
734 South Broadway
Tel. 327-5795
Tgl. 11.30–23, Fr und Sa bis 24 Uhr
Mittlere Preisklasse (DC, EC, Visa)

SEHENSWERTE ORTE UND AUSFLUGSZIELE

Hollywood Diner
Im Schauplatz von Barry Levinsons Kultfilm »Diner« kann man rumlümmeln und Kaffee schlürfen wie Mickey Rourke und seine Kumpanen.
400 East Saratoga Street
Tel. 962-5379
Mo–Fr 7–14.30 Uhr
Untere Preisklasse

Olde Obrycki´s Crab House
Krabben sind die Spezialität von Baltimore, und hier schmecken sie am besten.
1729 East Pratt Street
Tel. 732-6399
Dez.–März und Mo geschl., am Wochenende nur Dinner
Mittlere Preisklasse

Einkaufen

China Sea Marine Trading Co.
Maritime Kuriositäten.
Ann Street Wharf

Great Bears
Putzige Teddys und Unmengen anderer Schmusetiere. Ihre Kinder werden Sie hier nicht mit leeren Händen wieder rauslassen.
1643 Thames Street

Pink Flamingoes
Naturgemäß ziemlich geschmacklose Verkaufsstätte für Erinnerungsstücke an Transvestiten-Star Divine, mit der Regisseur John Waters in Baltimore seine besten Filme machte.
728 South Broadway

Sam Smith Market
Buntes Treiben unterschiedlicher Kunsthandwerker im Light Street Pavillon.
Light Street/Pratt Street

Am Abend

The Block
Immer noch grelles Überbleibsel vom ehemals größten **red light district** an der Ostküste.
400-600 East Baltimore Street

Buddies Pub
Erdiger Rock´n Roll kommt Do–Sa live von der Bühne.
313 North Charles Street

Lyric Opera House
Der Nachbau des Leipziger Gewandhauses ist den Schönen Künsten vorbehalten.
128 West Mount Royal Avenue
Tel. 685-5086

Auf Mickey Rourkes Spuren: Hollywood Diner

Service

Auskunft
The Baltimore Area Visitors
Center
Baltimore, Maryland 21202
100 Light Street
Tel. 659-7300

Bahnhof
Penn Central Railroad Station
North Charles Street zwischen Oliver und Lanvale Street
Greyhound Lines
210 West Fayette Street

Busse
Mass Transit Administration
Ticket 1.25 $, Umsteigen 10 c

Medizinische Hilfe
University Hospital
22 Greene Street
Tel. 528-6722
Apotheke
Drug Fair
Tgl. 7–20 Uhr
17 West Baltimore Street
Tel. 539-0838

Taxi
Grundgebühr 1.40 $, jede weitere
Meile 1 $, plus 15% Trinkgeld
Diamond
Tel. 947-3333

Vorwahl für Baltimore
410

Ausflugsziel

Annapolis ■ C 7

Etwa 40 km von Baltimore entfernt
liegt Annapolis, um vieles kleiner als
Baltimore, aber trotzdem stolze
Hauptstadt des Bundesstaates
Maryland.
  Annapolis war 1783/84 sogar mal
Landeshauptstadt – allerdings lediglich 10 Monate lang.
Hübsche alte Kolonialbauten und
viktorianische Häuser zeugen von
der Vergangenheit der alten, 1649
gegründeten Stadt.
  Sehenswert ist das **State House**,
das in den Jahren 1772–1779 erbaut wurde und somit das älteste
State House der USA ist.

Die Marineakademie befindet sich in Annapolis

Die »große alte Dame« der Ostküste gibt sich europäisch und yuppiehaft. Banken, Universitäten und die Computerindustrie prägen das Bild der Stadt.

Boston

■ I 1

Den Jetlag noch in den Beinen und so hineingeschleudert in die Neue Welt, könnte man in Boston fast meinen, der Pilot habe sich verflogen. **North End**, **Back Bay** und **Beacon Hill**, die rötlichen Backsteinhäuser, die symmetrisch und axial angelegten Fassaden – das sieht doch aus wie Lübeck, Amsterdam oder Paris! Doch dann biegt man um die Ecke, findet sich mit den postmodernen Hochhäusern des Finanzdistrikts konfrontiert, folgt mit den Augen dem **John Hancock Tower**, der wie eine Nadel in den Himmel sticht – und ist getröstet: Boston ist eine amerikanische Großstadt, nur eine, die Europa näher ist als jede andere auf diesem Kontinent.

Eine Stadt mit Tradition...

Boston ist alt – es wurde 1630 von Puritanern gegründet, es ist altehrwürdig und traditionsbewußt. Jahrhundertelang hielten die Briten das Heft fest in der Hand, die alten Familien, die stolz auf ihre Ahnenreihe zurückblicken, bilden noch heute einen elitären, eng gewebten Zirkel. Die Iren, die Mitte des vorigen Jahrhunderts zuwanderten, nach-

dem eine Kartoffelpest ihre Existenzgrundlage zerstört hatte, waren lange Zeit verachtete Außenseiter, die eng zusammengedrängt und unter denkbar schlechten Bedingungen im North End lebten. Noch heute ist Boston keine multikulturelle Stadt, die Bevölkerung ist nach wie vor überwiegend **waspy**, d. h. **W**hite, **A**nglo-**S**axon and **P**rotestant. Durch den Boom in den frühen 80er Jahren, durch den wirtschaftlichen Aufschwung, der der Computerindustrie zu verdanken ist, zogen jedoch viele junge Leute zu, die das Bild auflockern.

...und Lebensqualität

Trotz wirtschaftlicher Schwierigkeiten, die Boston Ende der 80er Jahre besonders hart trafen – ein Bankenkrach brachte sogar die traditionell so starke und wichtige Finanzwelt ins Wanken – liegt Boston immer noch ganz vorne unter den amerikanischen Städten, was die Lebensqualität betrifft: Ein Grüngürtel zieht sich durch die Stadt, auf dem **Charles River** wiegen sich die Segelboote, Strand und Berge sind in kürzester Zeit zu erreichen.

Eines der Wahrzeichen der Stadt: der John Hancock Tower

Hotels und andere Unterkünfte

Bed & Breakfast Agency of Boston

Unterkünfte aller Art – möblierte Apartments oder Bed-and-Breakfast-Pensionen – in der Innenstadt vermittelt diese Agentur.
47 Commercial Wharf St.
Tel. 720-3540, Fax 523-5761
Untere bis Mittlere Preisklasse

Boston Park Plaza Hotel & Towers

Familie Saunders versucht etwas für Amerika völlig Ungewöhnliches: ein großes Hotel ökologiebewußt zu führen. Stars wie Robert Redford finden's großartig und wohnen hier.
64 Arlington Street
Tel. 426-2000, Fax 426-5545
U-Bahn: Arlington St.
966 Zimmer
Mittlere Preisklasse (AE, DC, EC, Visa)

Bostonian Hotel

Wie auf einer Postkarte präsentiert sich der blumengeschmückte Back-steinbau am historischen Faneuil Market Place. Die Zimmer dahinter haben vom Kamin bis zum Jacuzzi alles, was man braucht.
4 North Street
Tel. 523-3600, Fax 523-2454
U-Bahn: Aquarium oder State
152 Zimmer
Obere Preisklasse (AE, DC, EC, Visa)

Chandler Inn

Sauber, freundlich, angenehm günstig – das sind die Attraktionen dieses kleinen Hotels. Es liegt ruhig und sicher in einem Wohnviertel und ist doch nur Minuten vom John Hancock Tower entfernt.
26 Chandler Street
Tel. 482-3450, kein Fax
U-Bahn: Arlington St.
56 Zimmer
Untere Preisklasse

The Ritz-Carlton Hotel

Ein Traum von einem gediegenen alten Stadthotel! Es liegt direkt am Park und nur Schritte von der Shoppingmeile Newbury Street entfernt.

Ökologie als Prinzip: Boston Park Plaza Hotel

Der Service und das Ambiente sind so, wie es sich für das traditionsreichste Haus der Stadt gehört.
15 Arlington Street
Tel. 536-5700, Fax 536-9340
U-Bahn: Arlington
278 Zimmer
Luxusklasse (AE, DC, EC, Visa)

Tremont House
»Bostons erschwingliche Alternative« liegt ideal für Nachtschwärmer mitten im **Theater District**.
275 Tremont Street
Tel. 426-1400, Fax 482-6730
U-Bahn: Boylston St.
281 Zimmer
Mittlere Preisklasse (AE, DC, EC, Visa)

Spaziergang

Freedom Trail
Ausgangspunkt ist der Informationskiosk am Boston Common, U-Bahn: Park Street. Durch Boston führt ein roter Strich, auf dem man gehen kann, ohne moralische Bedenken zu haben: Es ist der Freedom Trail. Diese Führungslinie beginnt am **Common**, schlängelt sich durch die Innenstadt bis ins **North End**, das älteste Wohnviertel Bostons, und endet in **Charlestown**. Leitmotiv ist die amerikanische Unabhängigkeit: Der rote Strich verbindet alle Stätten, die mit ihr in Zusammenhang stehen, und das sind viele in Boston. Gleich hinter der hübschen **Park Street Church** zum Beispiel trifft man auf einen alten Friedhof, typisch für Neuengland mit seinen schlichten Steinplatten, in dem die Helden der Bewegung begraben liegen: John Hancock, Samuel Adams, Paul Revere. Die anglikanische **King's Chapel**, eine Bastion des Glaubens der Briten, wurde nach dem Sieg der Kolonisten von den Unitariern besetzt – werfen Sie einen Blick ins Innere und sehen Sie sich das für Kolonialkirchen typische Gestühl (pews) an.

Auch im **Old South Meeting House** lohnt der Blick ins Innere. Hier findet man Informationen zur

Old State House, eine der Sehenswürdigkeiten am Freedom Trail

Geschichte und kann sich ein Bild davon machen, wie Boston aussah, als es noch auf einer Halbinsel lag. An der Ecke legt der **Old Corner Bookstore**, in dem sich die literarischen Größen Neuenglands im 19. Jh. (Emerson, Thoreau) trafen. Vorbei am **Old State House**, das sich zwischen die Hochhäuser duckt und dessen Giebel – wieder – von Löwe und Einhorn gekrönt ist (die Originale, Symbole der britischen Krone, wurden nach der Revolution verbrannt), erreicht man **Quincy Market**. Dies ist der ideale Ort, um Pause zu machen und eine der vielen Spezialitäten zu probieren, die in den alten Markthallen angeboten werden.

Jenseits der breiten Schnellstraße, die bald unterirdisch verlaufen wird, heute aber noch brutal die Stadt zerschneidet, erreicht man das **North End**, ein quirliges altes Viertel, in dem noch stark italienischer Einfluß zu spüren ist, obwohl hier in den schmalen alten Häusern auch schon die Yuppies Einzug ge-

halten haben. Historische Bedeutung hat **Old North Church**: Von hier aus signalisierten die Aufständischen ihren Genossen, welchen Weg die Briten nahmen, um die Freunde in Lexington und Concord gefangenzunehmen. Die, gewarnt, bereiteten den Briten einen überraschenden Empfang – in Concord fielen die ersten Schüsse, die den Unabhängigkeitskrieg einleiteten. Jenseits des Flusses liegt **Charlestown**, ein Stadtteil, der in den letzten Jahren zu neuem Leben erwacht ist, hübsche kleine Häuser und nette Restaurants bietet und vom **Bunker Hill Monument** überragt wird, dem Denkmal, das an die Schlacht der Kolonisten gegen die Briten erinnert. Wenn man in die Geschäfte schauen und einkehren möchte, sollte man für den Spaziergang 5–6 Stunden einplanen.

John F. Kennedy wurde in Brookline bei Boston geboren

Sehenswertes

Back Bay

Umgrenzt von **Boston Common**, **Charles River**, **Massachusetts Avenue** und **Boylston Street** entstand ab 1857 an der Hinteren Bucht ein neuer Stadtteil. Dazu mußte zuerst ein übelriechender Sumpf zugeschüttet werden, dann überzog man das Areal mit einem strengen Straßenraster und legte einen Bebauungsplan fest, der sich an dem Vorbild des von Baron Haussmann gestalteten Paris orientierte. Die Häuser sind teils viktorianisch-elegant, teils eklektisch und phantasievoll gestaltet. Die kleinen Straßen, die hinter den Prachtbauten verlaufen, dienten als Dienstboten- und Lieferantenzugänge. Heute ist das exklusive Wohngebiet auch das eleganteste Shopping-Viertel, mit der **Newbury Street** als teuerstem Boulevard.
U-Bahn: Arlington oder Copley

Beacon Hill

Diese Kleinstadt in der Großstadt gilt als eine von Amerikas gediegensten Adressen. Angelockt vom repräsentativen Neubau des **State House** ließen sich um 1800 herum reiche Bostonier vom Architekten Charles Bulfinch Residenzen auf dem Hügel über dem Common entwerfen. Schattenspendende Bäume, Gaslaternen und Backsteinhäuser bestimmen nach wie vor die Atmosphäre am **Louisburg Square** (wo am Heiligabend Weihnachtslieder gesungen werden) oder in **Chestnut** und **Beacon Street**. Zwischen Common, State House und Charles Street
U-Bahn: Bowdoin oder Charles/MGH

Boston Tea Party Ship

In einer kalten Dezembernacht 1773 warfen erzürnte, als Indianer verkleidete Siedler 340 Teekisten ins Hafenbecken, um gegen die immen-

sen, von den Briten erhobenen Teesteuern zu protestieren. Der symbolische Schritt in die Unabhängigkeit wird auf dem Nachbau der **Beaver II** gefeiert: Kostümierte Führer lassen Sie das revolutionäre Gefühl des Teekistenschmeißens erleben.
Congress Street Bridge
U-Bahn: South Station
März–Dez. tgl. 9 Uhr bis 17 Uhr
Eintritt: 16.50 $

John Hancock Tower

Gebaut nach einem Entwurf I. M. Peis, dem in den 70er Jahren kaum ein repräsentativer Auftrag an der Ostküste entgangen zu sein scheint, erhebt sich dieser riesige Glaskasten auf dem Grundriß eines Parallelogramms 60 Stockwerke hoch über die neoromanische Trinity Church. Ein pfeilschneller Aufzug katapultiert Sie in 30 Sekunden zur Aussichtsetage, wo Sie mit weitschweifendem Blick Boston zu begreifen lernen.
200 Clarenden Street
U-Bahn: Copley
Mai–Okt. Mo–Sa 9–22, So ab 10 Uhr, sonst Mo–Sa 9–22,
So ab 12 Uhr
Eintritt: 3.50 $

New England Aquarium

Liebhaber der Unterwasserwelt kommen hier inmitten eines gigantischen Ozeantanks voll auf ihre Kosten. Meerestiere vom Seepferdchen bis zum Hai werden in ihrer natürlichen Umgebung gezeigt; sogar ein karibisches Korallenriff ist in seiner ganzen bunten Faszination ausgebreitet. Im Sommer kann man von hier aus fachkundig geleitete Exkursionen zum Beobachten von Walen unternehmen.
Central Wharf
U-Bahn: Aquarium
Mo–Fr 9–18, Sa, So bis 19 Uhr
Eintritt: 8,50 $

Museen

Boston Museum of Fine Arts

Schätze aus Japan, China, Ägypten, Europa und Amerika, gestiftet von betuchten Bostoniern. In den Abteilungen Alte Niederländer (Rogier van der Weydens »Lucas-Madonna«), Amerikanische Malerei (Gilbert Stuarts »Athenaeum Portraits« des Ehepaars Washington) und Impressionismus (Monets »Kathedrale von Rouen«) gibt es besonders viele Meisterwerke.
465 Huntington Avenue
U-Bahn: Museum
Di–So 10–16.45, Mi bis 21.45 Uhr
Eintritt: 8 $

Children's Museum

Die Erlösung für vom ewigen Stadtbummel der Eltern genervte Kinder: Hier dürfen sie eine riesige Kletterskulptur besteigen oder in einer japanischen U-Bahn durch »Teen Tokyo« fahren.
300 Congress Street
U-Bahn: South Station
Memorial Day bis Labor Day tgl., sonst tgl. außer Mo 10–17 Uhr, Fr bis 21 Uhr
Eintritt: 7 $, Kinder 5 $

Computer Museum

Vielleicht lernen Sie endlich, wie diese Dinger funktionieren, wenn Sie durch den einzigen begehbaren Computer der Welt spazieren. Anschließend können Sie die nicht einmal 50jährige Geschichte der elektronischen Intelligenz studieren und zur Belohnung (per Simulator) einen Jumbo-Jet fliegen.
300 Congress Street
U-Bahn: South Station
Juni bis Labor Day tgl., sonst tgl. außer Mo 10–17 Uhr
Eintritt: 7 $

Isabella Stewart Gardner Museum

Die Geldadlige aus New York hatte wohl ihre berühmte Namensvetterin und Renaissancefürstin Isabella d'Este im Sinn, als sie sich Anfang des Jahrhunderts einen venezianischen Palazzo für ihre exquisite Kunstsammlung bauen ließ. Deren Wert ist auch der Diebeszunft nicht entgangen, die eine sonderbare Faszination für das Museum hat und immer wieder das Testament der Stifterin unterläuft, das verlangt, alles müsse dort exakt so bleiben wie zum Zeitpunkt ihres Todes.
280 The Fenway
U-Bahn: Museum
Di–So 11–17 Uhr
Eintritt: 7 $

John F. Kennedy Library

I.M. Pei schuf mit Blick auf Hafen und Skyline eine kristallin schöne Schatulle aus Glas und Beton zum Gedenken an den 35. Präsidenten der USA. Aber weder Photos noch Videos oder Dokumente (zum Beispiel zum Berlin-Besuch) bringen Amerikas Helden so nahe wie der Nachbau des Oval Office, der authentisch bis zum Schaukelstuhl den Zustand festhält, in dem Kennedy am 22. November 1963 sein Büro Richtung Dallas verließ.
Columbia Point on Dorchester Bay
U-Bahn: JFK/U. Mass.
Tgl. 9–17 Uhr
Eintritt: 6 $

Legal Sea Foods

In diese herrlich maritime Freßhalle kommen die Fische fast freiwillig, weil sie hier so verlockend gut zubereitet werden. Besonders schön ist die Filiale im **Prudential Center**. Keine Reservierungen möglich. Rechnen Sie mit Warteschlangen.

– 35 Columbus Avenue
U-Bahn: Arlington
– Prudential Center
U-Bahn: Copley
Mo–Do 11–22 Uhr, Fr und Sa bis 23 Uhr, So 12–22 Uhr
Obere Preisklasse (AE, DC, EC, Visa)

Maison Robert

In dem Garten sitzt man herrlich, die französische Küche ist hervorragend zubereitet, und wenn man das Dinner zum Fixpreis nimmt, kommt man gar nicht so teuer weg, wie es der elegante Rahmen erwarten läßt.
45 School Street
Tel. 227-3370
U-Bahn: Park Street
Mo–Fr 17.30–22 Uhr, Sa auch mittags
Mittlere bis Obere Preisklasse (AE, DC, EC, Visa)

Olive's

Die Rotisserie in Charlestown hat schon um 17 Uhr Schlangen von Feinschmeckern vor der Tür, die die gebutterte Lammkeule kaum erwarten können. Aber auch die Pizza ist köstlich.
10 City Square, Charlestown
Tel. 242-1999
U-Bahn: Bunker Hill Community College
Di–Do 17.30–22 Uhr, Fr–Sa bis 22.30 Uhr, So bis 21.30 Uhr
Mittlere Preisklasse

Quincy Market

Die langgezogene, neo-klassizistische Halle überdacht eine Unzahl von Imbißständen. Auf den Holzbänken im zentralen Kuppelsaal wird sich zeigen, ob Sie klug gewählt haben.
Faneuil Hall Marketplace
U-Bahn: State
Mo–Sa 10–21 Uhr, So 12–19 Uhr
Untere bis Mittlere Preisklasse

Rocco's
Die Speisekarte ist ebenso eklektisch wie das Dekor.
5 Charles Street South
Tel. 723-6800
U-Bahn: Arlington
Mo–Fr 11.30–2.30 Uhr,
Sa–So 12–3 Uhr
Mittlere Preisklasse (AE, DC, EC, Visa)

Union Oyster House
In Bostons ältestem Restaurant (die Bar wurde seit 1826 angeblich nicht verrückt) sind die Austern immer noch die besten.
41 Union Street
Tel. 227-2750
U-Bahn: Haymarket
So–Do 11–21.30 Uhr, Fr und Sa bis 22 Uhr
Mittlere Preisklasse (AE, DC, EC, Visa)

Einkaufen

Bibelots
Ein eindrucksvolles Lagerhaus im North End als Fundgrube für ausgefallene Volkskunst aus aller Welt.
75 Commercial Street
U-Bahn: Aquarium

Brooks Brothers
Wenn Sie den seriösen Chic der Herren der Ostküste nachahmen wollen, kommen Sie an diesem Bekleidungshaus nicht vorbei.
46 Newbury Street
U-Bahn: Arlington

Eugene Galleries
Alte Ansichten und Pläne von Boston machen diesen Antiquitätenladen zur Anlaufstelle für Andenkensucher.
76 Charles Street
U-Bahn: Charles/MGH

Feinschmecker kehren hier gerne ein: Rotisserie Olive´s

Filene´s Basement
Unwiderstehlich! Teuerste Marken werden auf bis zu 75 % reduziert. Was nach 28 Tagen noch keinen Käufer gefunden hat, geht an die Armenhilfe.
426 Washington Street
U-Bahn: Downtown Crossing

Harvard Bookstore Café
Nicht ausgeschlossen, daß Sie hier Updike oder Irving begegnen, während Sie eines ihrer Bücher aus dem Regal ziehen oder mit Kaffee bekleckern.
190 Newbury Street
U-Bahn: Copley

Am Abend

Comedy Connection
Für Amerikas auflagenstärkste Zeitung der beste Comedy Club in den USA. Der Besuch lohnt sich allerdings nur, wenn Sie wirklich gut Englisch verstehen.
Faneuil Hall Market Place
Tel. 248-9700
U-Bahn: Downtown Crossing
Shows: So 19 Uhr, Do 20.30 Uhr, sonst 20 Uhr

Division Sixteen
In der ehemaligen Polizeistation sind die Burger größer als die Polizei erlaubt. Und die Drinks so generös eingeschenkt, daß ein kleiner Mensch darin ertrinken könnte.
955 Boylston Street
Tel. 353-0870
U-Bahn: Copley
Tgl. bis 2 Uhr nachts

Rathskeller
Rock´n Roll live für Harley-Fahrer und andere harte Jungs.
528 Commonwealth Avenue
Tel. 536-2750
U-Bahn: Kenmore
Tgl. 21.30–2 Uhr

Wally´s Cafe
Bostons ältester Jazzclub ist ein Fixpunkt auf dem Konzertkalender der großen Stars.
427 Massachusetts Avenue
Tel. 424-1408
U-Bahn: Symphony
Tgl. 21–2 Uhr

Service

Auskunft
Greater Boston Convention & Visitors Bureau
Prudential Tower
P.O. Box 490
Boston, Ma. 02199
Tel. 536-4100

Bahnhof
South Station
Atlantic Avenue
Greyhound Lines
10 St. James Avenue

Busse/U-Bahn
Massachusetts Bay Transportation Authority
Bus pro Fahrt 60 c, Expressbusse ab 1.50 $
U-Bahn pro Fahrt 85 c

Medizinische Hilfe
Massachusetts General Hospital
Fruit Street/Cambridge Street
Tel. 726-0000
Apotheke
Phillips Drugs (durchgehend offen)
155 Charles Street
Tel. 523-4372

Taxi
Checker, Tel. 536-7000
Grundgebühr 1.50 $, pro Meile 1.80 $

Vorwahl für Boston
617

Ausflugsziele

Cambridge ■ I 1

Vor den Toren der Stadt und mit U-Bahn von Boston aus einfach zu erreichen (U-Bahn: Harvard) liegt Cambridge, dessen Zentrum und Lebensnerv die Eliteuniversität **Harvard** ist. Hier geht es bunt und studentisch zu, die Geschäfte, Lokale und Nightspots sind auf den Bedarf der jugendlichen Klientel zugeschnitten. Harvard ist die älteste Universität der Vereinigten Staaten, es wurde bereits 1636 gegründet, sechs Jahre nachdem sich die Pilgerväter in Boston niedergelassen hatten. Eigentlich könnte man meinen, daß die Siedler so kurz nach ihrer Ankunft auf dem neuen Kontinent andere Sorgen hatten – es gab Häuser zu bauen, Land zu roden – als die Bildung ihrer Kinder. Daß es sie, wie es in einer zeitgenössischen Quelle heißt, »nach der Förderung des Lernens verlangte«, hatte aber gute Gründe: Die Theokratie verlangte nach einer gebildeten Priesterschaft, es ging darum, den Fortbestand der religiösen Elite zu sichern.

Bücher waren damals eine Rarität, die erste amerikanische Druckerei wurde erst 1639 in Cambridge aufgebaut, und so waren die Bostonier derart glücklich, daß ihnen ein Mann namens John Harvard seine Bücher hinterließ, daß sie die Universität nach ihm benannten. Spätere Stifter mußten mehr investieren, um ihren Namen verewigt zu sehen; viele der Gebäude in Cambridge wurden von reichen, ihrer Alma Mater dankbaren ehemaligen Schülern finanziert. Den **Campus,** so nennt man alle Gebäude und Einrichtungen, die zur Universität gehören, kann man im Rahmen von Führungen (ab Holyoke Center) kennenlernen.

Harvard besitzt auch eine ganze Reihe sehenswerter Kunstmuseen (Fogg Art Museum, Busch-Reisinger Museum, Arthur M. Sackler Museum). Im **Botanical Museum,** das zu den **Harvard University Museums of Natural History** gehört, sind die berühmten Glasblumen zu sehen, naturgetreue Nachbildungen verschiedenster Blüten aus mundgeblasenem Glas.

DER BESONDERE TIP

Stadtmüde? Lust auf ein bißchen Natur, auf einen Spaziergang zwischen alten Bäumen, Tümpeln und naturbelassenen Wiesen? Dann setzen Sie sich ins Auto und fahren zum **Arnold Arboretum,** das südlich der Innenstadt in **Jamaica Plain** liegt. Es ist ein über 100 Jahre alter botanischer Garten mit wunderbarem Baumbestand. Von den Hügeln hat man einen herrlichen Blick auf die Skyline von Boston.

Hotel

The Charles in Harvard Square
Ein freundliches, modern einge-
richtetes Hotel der gehobenen Klas-
se in unmittelbarer Nähe zu Harvard
Square.
One Bennett Street
Tel. (617) 864-1200, Fax 864-5715
296 Zimmer
Obere Preisklasse (AE, EC, Visa)

Salem und Marblehead ■ I 1

Salem, nördlich von Boston an der
Küste gelegen, hat traurige
Berühmtheit erlangt: Hier fanden in
den Jahren 1692/93 unter dem
strengen puritanischen Regiment
Hexenprozesse statt, die die Touri-
stiker noch heute weidlich und als
Hauptattraktion der Stadt ausnüt-
zen: Auf allen T-Shirts, Kappen, Tas-
sen und Stickern reiten Hexen,
kaum ein Haus, das nicht in irgendeinem Zusammenhang mit den töd-
lichen Ereignissen steht. Sehr gut
und sozialkritisch ist die Geschichte
im **Witch Dungeon Museum** dargestellt. Literarisch wurde diese Zeit
übrigens von vielen Schriftstellern
aufgearbeitet. Am bekanntesten
und sehr lesenswert ist Arthur Mil-
lers Theaterstück »Hexenjagd«. Darüber hinaus ist Salem eine sehr
schöne Stadt, in der prächtige Bauten vom Reichtum der frühen neuenglischen Seefahrer zeugen. Am
besten lernt man die Stadt bei einer
Fahrt mit dem »Trolley« kennen; einen Besuch ist auch das **Peabody
Museum** wert, in dem unter anderem die maritime Seite Neuengland-
lands dargestellt ist.

In der nahegelegenen kleinen
Stadt **Marblehead** geht es friedvol-
ler zu; hier sollte man durch den historischen Distrikt spazieren und
sich die wunderschönen denkmal-
geschützten Häuser ansehen.

Hotel

Hawthorne Hotel
Dieses alte, gut geführte Haus am
Hauptplatz trägt den Namen des
Schriftstellers Nathaniel Hawthorne,
eines Sohnes der Stadt.
Salem
On the Common
Tel. (508) 744-4080, Fax 745-9842
89 Zimmer
Mittlere Preisklasse (AE, DC, EC,
Visa)

Witch Dungeon Museum in Salem

Von weiten Dünen bedeckt ragt die Halbinsel in den Atlantik. Die Kennedys leben exklusiv auf ihrem Sommersitz, Meer und Sand sind aber für alle da.

Schöne Landstriche haben hübsche Entstehungsgeschichten: Hier war es angeblich ein Riese, der sich im Sand sein Bett bereitete und einmal, als er unruhig schlief, seine sandgefüllten Mokassins ins Meer warf – aus ihnen wurden die beiden vorgelagerten Inseln **Martha´s Vineyard** und **Nantucket**. Heute fände der Riese nicht mehr genug Ruhe auf Cape Cod, um sich richtig auszuschlafen: Die rund 100 Kilometer lange Halbinsel ist zum beliebten Naherholungsgebiet für die Bostoner und New Yorker geworden. An den Wochenenden reiht sich Auto an Auto entlang der Route 28, die wiederum gesäumt ist von Motels, Restaurants, Tennisplätzen, Eisbuden...

Cape Cod und vor allem die benachbarte Insel »Martha´s Vineyard« stehen eng in Zusammenhang mit dem Namen Kennedy. Bei **Hyannis Port** hat die Familie ihren opulenten Stammsitz, und auf der Insel war es, wo der tragische Unfall von Chippaquiddick geschah, in den Edward Kennedy involviert war. Ein Denkmal für John F. Kennedy befindet sich in Hyannis Port.

Weniger touristisch erschlossen ist Route 6, die auch nach

Cape Cod

■ K 2

Orleans und damit zum **Salt Pond Visitors Center** führt, in dem man alles Wissenswerte über die **National Seashore** erfährt, ein naturbelassenes Dünengebiet, das wunderbare Wandermöglichkeiten und herrliche, nicht überlaufene Strände bietet. Hier, an der dem offenen Atlantik zugewandten Seite, brechen sich die Wellen mit aller Macht und machen die Surfer glücklich, während auf der zur Bucht hin liegenden Seite sowohl die See ruhiger als auch die Wassertemperatur höher ist – Familien mit Kindern werden sich dort also wohler fühlen.

Wer einen Tag am Strand verbringen möchte, sollte nicht zu spät aufbrechen: Wenn die Parkplätze voll sind, ist der Zugang zum Strand de facto versperrt. Nur Radfahrer oder Fußgänger können sich dann noch niederlassen. Auf diese Weise beschränkt man die Zahl der Strandbesucher, und das ist recht angenehm.

Zum Radfahren ist Cape Cod übrigens ein Paradies: Die alten Zugtrassen wurden geteert und zum Radweg gemacht, der sich durch weite Teile des Inneren der Halbinsel zieht.

TOP TEN 5

Hotels und andere Unterkünfte

Captain Ferris
Kapitänshaus aus dem Jahr 1845, modern eingerichtet, ausgezeichnetes Frühstück.
South Yarmouth, 308 Old Main Street
Tel. 760-2818, Fax 398-1515
10 Zimmer
Mittlere Preisklasse (AE, EC, Visa)

The Inn on Sea Street
Ein nostalgisches Übernachtungsvergnügen nahe des Kennedy´schen Sommersitzes.
Hyannis, 858 Sea Street
Tel. 775-8030, kein Fax
9 Zimmer
Untere Preisklasse (AE, EC, Visa)

Old Yarmouth Inn
Der älteste Gasthof (1696) auf dem Cape. Im zugehörigen Pub gibt´s dreimal in der Woche Jazz.
Yarmouth Port, 223 Main Street
Tel. 362-3191, kein Fax
5 Zimmer
Untere Preisklasse (AE, EC, Visa)

Ship's Bell Inn
Rührend freundlicher Gasthof gegenüber dem Wohnhaus des Cape-Cod-Photographen Joel Meyerowitz.
Provincetown, 586 Commercial Street
Tel. 487-1674, kein Fax
17 Zimmer, 4 Apartments
Untere Preisklasse (AE, EC, Visa)

Whalewalk Inn
Weiße Stühle auf grünem Rasen, rustikal-elegant eingerichtete Zimmer, tadelloser Service.
Eastham, 220 Bridge Road
Tel. 255-0617, Fax 240-0017
12 Zimmer
Mittlere Preisklasse (EC, Visa)

Sehenswertes

Cape Cod National Seashore
Wenn Sie bisher ein Liebhaber von Sylt gewesen sind, machen Sie sich darauf gefaßt, daß Sie untreu werden könnten. Die Ostküste des Cape mit ihren Dünen, Kliffs, Sümpfen und Wäldern ist – mindestens! –

Cape Cod vorgelagert und ziemlich überlaufen: Martha´s Vineyard

doppelt so schön. Außerdem macht das Wetter eine dreimal bessere Figur. Die endlose, feinsandige Küste ist ein Naturereignis ersten Ranges. Ihre Ausdehnung und die restriktive Parkplatzpolitik verhindern Überfüllung selbst in der Hochsaison. Nirgendwo wird der freie Blick von Bettenburgen aufgehalten. Die Häuser der Glücklichen, die hier eine feste Bleibe haben, halten sich vielmehr hinter den Dünen versteckt.

Provincetown

Der Nachbau eines italienischen Glockenturms erinnert daran: Hier, an der Spitze des Cape, sind die Pilgerväter in der Neuen Welt an Land gegangen. Die Aussichtsfläche dieses 1910 vollendeten **Pilgrim Monument** verschafft Überblick über das langgestreckte, ehemalige Walfang-Zentrum, das heute ein bißchen Fischerdorf, etwas Künstlerkolonie und vor allem ein pulsierender Ferienort ist. Hauptstraße ist die **Commercial Street** mit ihren zahllosen Cafés, Bars, Restaurants, Nightclubs, Boutiquen, Galerien, Kitsch- und Kleinkunstläden.

P-Town, alles andere als eine Provinzstadt, wird dominiert von einer offen agierenden »gay scene«, die hier ein ideales Gemisch aus Intimität und Straßentheater, Fitneß und Entspannung findet.

Sandwich

Etwas südlich des Kanals an der **Cape Cod Bay** gelegen, ist diese 1637 gegründete Siedlung der älteste Ort auf der Halbinsel. Die Geburtsstätte des in Amerika sehr bekannten Kinderbuchautors Thornton W. Burgess lockt mit frühkolonialen Gebäuden (Hoxie House, Dexter's Gristmill), Museen und einer malerisch im Ortskern gelegenen Kirche.

Whale Watching

Eine Exkursion hinaus aufs Meer, um die vor dem Cape vorbeiziehenden Wale zu beobachten, gehört eigentlich ins touristische Pflichtprogramm. Viele Unternehmen bieten solche Touren an, zum Beispiel **Provincetown Whale-Watch**
April–Okt. 3x tgl.
ab MacMillan Pier, Provincetown
Tel. 487-3322
Tour: 18 $

Museen

Heritage Plantation of Sandwich
Frühkoloniales Museumsdorf, das man wegen der Rhododendronblüte im Mai oder Juni besuchen sollte. In der **Round Stone Barn** glänzen restaurierte Automobile aus den ersten drei Jahrzehnten unseres Jahrhunderts, unter anderem Gary Coopers 31er Düsenberg.
Mai–Okt. 10–17 Uhr
Eintritt: 6 $

The Provincetown Art Association & Museum
Zeitgenössische Werke aus der Künstlerkolonie, in der sich schon Edward Hopper, Jackson Pollock und Mark Rothko wohlfühlten.
460 Commercial Street
Memorial Day–1. Okt. tgl. 12–17 und 19–21 Uhr
Eintritt: 2 $

Provincetown Museum
Mayflower-Memorabilia, Porzellan aus der Kolonialzeit, Walfang-Equipment, Schiffsmodelle und Fundstücke aus vor dem Cape gesunkenen Schiffen – kurz: alles, was man von einem maritimen Museum erwartet.
Pilgrim Monument, High Pole Hill
April–Okt. tgl. 9–17 Uhr
Eintritt: 5 $

Sandwich Glass Museum

Stücke aus der **Boston and Sandwich Glass Company**, die nur zwischen 1825 und 1888 arbeitete, sind längst begehrte Sammelobjekte. Das Museum am Produktionsort besitzt natürlich die beste Kollektion an Kerzenleuchtern, Vasen, Geschirr, Haarschleifen und den berühmten Sandwich-Gläsern, die in Spitzenmustern geschliffen wurden.
129 Main Street
April–Okt. 9.30–16.30, Nov.–März bis 16 Uhr, Jan. geschl.
Eintritt: 3 $

Essen und Trinken

Aesop's Table

Austern am Kaminfeuer.
Wellfleet, Main Street
Tel. 349-6450
Dinner von 18–21 Uhr
Mittlere Preisklasse (AE, DC, EC, Visa)

Café Edwige

Manche kommen wegen des Frühstücks, andere einfach wegen der Männer. Beides lohnt sich.
Provincetown, 333 Commercial Street
Tel. 487-2008

Chillingsworth

Vielen gilt Nitzi und Pat Rabins französisches Restaurant als bestes auf dem Cape.
Brewster, 2449 Main Street
Tel. 896-3640
Di–So Dinner bis 21.30 Uhr
Luxusklasse (AE, DC, EC, Visa)

Nauset Beach Club

Das Dekor ist unwesentlich, die italienische Küche unglaublich, der Zwiebelsalat unwiderstehlich.
East Orleans, Beach Road
Tel. 255-8547
Untere Preisklasse

Einkaufen

Witzige Souvenirs, ausgefallene T-Shirts und originelle Kleinigkeiten für den Haushalt findet man zuhauf in **Provincetown** und dort entlang der Hauptgeschäftsstraße **Commercial Street**. Kommerzielles Zentrum des Cape ist **Hyannis**, dort stehen die Souvenir-, Hütchen-, Badebedarf- und T-Shirt-Geschäfte, über die man in nahezu jeder Ortschaft auf dem Cape stolpert, in unendlicher Reihung. Wer sich für »Outlet Shopping« interessiert – das ist eine Form des Ab-Fabrik-Verkaufs mit sehr günstigen Angeboten – der sollte sich im **Cape Cod Factory Outlet Mall** von **Sagamore** umsehen.

Am Abend

The Atlantic House

Hier haben sich schon Tennessee Williams und Eugene O'Neill vollaufen lassen.
Provincetown, 6 Masonic Place

Beachcomber

Restaurant mit Tanzclub direkt am Wasser. Rock und Reggae live, junges, gestyltes Publikum.
Wellfleet, Cahoon Hollow Beach

Bud's Country Lounge

Pool Billard und Country and Western Music – hier ist man ganz am Puls der Zeit.
Hyannis, Bearse's Way und Route 132

Cape Cod Brew House

Das Bier wird direkt im Nebenraum gebraut und ist von überzeugender Qualität. Dazu werden Pizza, Burger und anderes »barfood« serviert. Gemischtes, gesetzteres Publikum.
Hyannis, 720 Main Street

Service

Auskunft
Cape Cod Chamber of Commerce
Kreuzung Route 6 und Route 132
Hyannis, Ma. 02602
Tel. 362-3225

Bahnhof
In Hyannis

Vorwahl von Cape Cod
508

Ausflugsziele

Nantucket ■ K 3

Exklusiver und ruhiger – sprich:
teurer und weniger einfach zu erreichen – als Martha's Vineyard
(→ S. 114) ist Nantucket. Die Überfahrt von Hyannis dauert 2 Stunden
15 Minuten, Unterkünfte sind in der
Regel sehr teuer. Touristisch wird
hier weit weniger an Aktivitäten
geboten als auf der Nachbarinsel.

Nantucket ist ein Ort für stille Ge-
nießer. Schindelgedeckte graue
Häuser drucken sich zwischen Dünen, weite einsame Sandstrände laden zu Spaziergängen ein. Mit dem
Rad kann man das flache Landesinnere erkunden, wo Kiefernwälder
und Heidelandschaft das Bild bestimmen. Am geschäftigsten geht
es in der kleinen Stadt Nantucket
zu, die neben den üblichen Geschäften und Restaurants ein ausgezeichnetes **Whaling Museum** bietet: Die
Insel war früher einmal Zentrum des
neuenglischen Walfangs.

New Bedford ■ I 3

Zu Beginn des 19. Jh., als Walfang-
schiffe mit mehr Tiefgang gebaut
wurden, verlor Nantucket seine Bedeutung als Hafen; die Aktivitäten
verlagerten sich nach New Bedford.
Ein Bild der Stadt zu dieser Zeit lie-
fert der Roman »Moby Dick«. Die
ersten Kapitel spielen in diesem damals bedeutendsten Walfanghafen
der Ostküste.

Beliebtes Ziel für Naherholungsurlaub: der Strand von Cape Cod

New Bedford trägt noch heute die Züge einer rauhen Hafenstadt. Den Besuch lohnen allerdings zwei Dinge: das **Whaling Museum**, das sich in ausgezeichneten Ausstellungen mit dieser für Neuengland so wichtigen Industrie beschäftigt, und das **Outlet-Shopping Center Howland Place**, ein riesiges altes Lagerhaus, in dem man exklusive Geschäfte mit den besten Angeboten an Lederwaren, Küchenaccessoires und Designerkleidung findet.

Plymouth ■ 12

Nachdem die Pilgerväter 1620 auf Cape Cod gelandet waren, zogen sie weiter gen Norden und errichteten in Plymouth die erste permanente europäische Siedlung in Neuengland.

Die **Mayflower**, das Schiff, mit dem die 101 Passagiere plus Besatzung übersetzten, ist als Rekonstruktion im Hafen zu sehen und zu begehen. Schauspieler setzen bildhaft in Szene, wie sich die fast zweimonatige Überfahrt in bedrückender Enge gestaltet hat. Das Dorf selbst wurde so wieder aufgebaut, wie es im 17. Jh. war. Ein Palisadenzaun umgibt es, in dessen Schutz strohgedeckte Häuser und eine kleine schlichte Holzkirche stehen. In der Tracht der Zeit kostümierte Schauspieler entführen einen in die Welt der ersten Siedler, führen vor, wie gekocht, gebaut, gewebt und Ackerbau betrieben wurde. Sogar die Sprache, die sie sprechen, ist authentisch: Sie bedienen sich eines altmodischen Englischs. Ein Kombinationsticket (18.50 $) berechtigt zum Besuch des Museums und der Mayflower II. Die Plimoth Plantation ist von April bis November täglich von 9–17 Uhr geöffnet, die Mayflower II kann man im Juli und August täglich von 9–19 Uhr, von April bis Juni und September bis November täglich von 9–17 Uhr besichtigen.

Ausflug in die Gründerzeit: Plimoth Plantation

New York ist nicht Amerika – es ist ein Planet, der sich um sich selbst dreht. Faszinierend. Schrill. Großartig. Unvergleichlich. Ein Mythos seiner selbst!

Keine Stadt ist wie New York – nicht an der Ostküste, nicht in Amerika, nicht in der Welt. Keine Stadt hat so viel zu bieten – Theater, Kunst, Konzerte, Museen, Nachtleben, die besten Köche, die besten Künstler, die besten Geschäfte.

New York

■ F 4

Mythos einer einzigartigen Stadt

Das ist der Mythos New York, und alle pflegen ihn – die Künstler, die die Stadt besingen und bedichten, die Besucher, die von New York schwärmen und zu Hause Insideradressen austauschen, wo was am besten ist in dieser besten Stadt der Welt. Und nicht zuletzt leben die New Yorker ihren Mythos, das heißt genaugenommen leben die Manhattaner ihren Manhattan-Mythos, denn die sind nun ganz bestimmt der Meinung, daß es außerhalb dieser Insel keine Welt und ganz bestimmt kein Leben gibt. Für jeden, den das Leben außerhalb Manhattans plaziert hat, empfinden sie nur mitleidiges Bedauern oder jene Verachtung, die mitschwingt, wenn sie die Bewohner der anderen Stadtteile **Bridge-and-Tunnel-Crowd**

nennen. Die Attraktionen Manhattans geben ihnen recht. Obwohl zum Beispiel auch Brooklyn viel zu bieten hat – läge diese Stadt (heute ein Stadtteil New Yorks) nicht direkt neben Manhattan, wäre sie in jedem Reiseführer als Haupttouristenziel besprochen – konzentriert sich doch alles, was man mit New York in Verbindung bringt auf diese 21,5 Kilometer lange und zwischen 3,7 und 1,3 Kilometer breite Insel zwischen **East River** und **Hudson River**. **World Trade Center** und **Wall Street**, **Empire State Building** und **Metropolitan Museum of Art**, **Central Park** und **Met** – alles liegt in Manhattan. Hier findet man die berühmten Jazzklubs in **Harlem** und **Greenwich Village**, hier shoppt man auf der **Fifth Avenue**, hier treffen sich Glanz und Elend dieser Metropole.

Sich in einem Reiseführer über die Ostküste auf die Sehenswürdigkeiten Manhattans zu beschränken, liegt also nahe. Um sie alle kennenzulernen, braucht man sowieso schon mindestens eine Woche Zeit. Um die Highlights zu sehen und einen ersten Eindruck der Stadt zu erhalten, genügen drei Tage.

Überwältigend: Blick vom Empire State Building

SEHENSWERTE ORTE UND AUSFLUGSZIELE

Hotels und andere Unterkünfte

Carlyle

Leser eines amerikanischen Reise-magazins wählten es zum besten Hotel an der Ostküste. 2/3 des Gebäudes werden von – reichen – Dauermietern besetzt.
35 East 76th Street/Madison Avenue

Tel. 744-1600, Fax 717-4682
U-Bahn: 77th St./Lexington Ave.
505 Zimmer
Luxusklasse (AE, DC, EC, Visa)

Chelsea

Für Kultur-Nostalgiker. Allerdings darf man keine höheren Ansprüche haben als weiland Dylan Thomas.

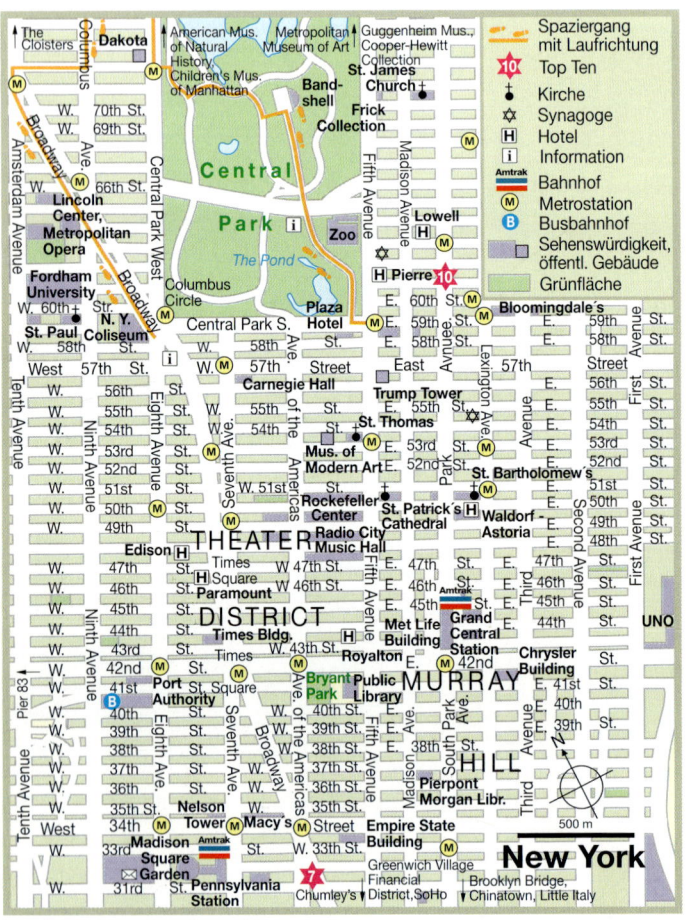

222 West 23rd Street
Tel. 243-3700, Fax 243-3700
U-Bahn: 23rd St./6th Ave.
400 Zimmer
Mittlere Preisklasse (AE, EC, Visa)

Gramercy Park

Gediegenes Hotel in einem Brown-
stone-Haus, das aus England ex-
patriiert zu sein scheint.
2 Lexington Avenue
Tel. 475-4320, Fax 505-0535
U-Bahn: 23rd St./Park Ave. South
545 Zimmer
Mittlere Preisklasse (AE, DC, EC,
Visa)

Hotel Edison

Broadway-nahes Haus mit Art-déco-
Lobby fürs Theatervolk. Nach einem
der renovierten Zimmer fragen!
228 West 47th Street
Tel. 840-5000, Fax 719-9541
U-Bahn: 59th St./7th Ave.
900 Zimmer
Untere Preisklasse (AE, EC, Visa)

Lowell

Wer 3.50 $ pro Holzscheit ausgeben
möchte, kann auch in Manhattan
seinen eigenen Kamin haben. Art-
déco-Ausstattung der Räume.
28 East 63rd Street

Tel. 838-1400, Fax 838-9194
U-Bahn: 63rd St./Lexington Ave.
61 Zimmer
Luxusklasse (AE, DC, EC, Visa)

Paramount

Entworfen vom Star-Architekten
Philippe Starck.
235 West 46th Street
Tel. 764-5500, Fax 575-4892
U-Bahn: Times Square
610 Zimmer
Mittlere Preisklasse (AE, DC, EC,
Visa)

Pierre

Hier verstehen Sie, was Amerikaner
meinen, wenn sie das Qualitätsurteil
»sophisticated« abgeben.
2 East 61st Street/5th Avenue
Tel. 838-8000, Fax 940-8109
U-Bahn: 60th St./5th Ave.
236 Zimmer
Luxusklasse (AE, DC, EC, Visa)

TOPTEN 10

Royalton

Designer-Hotel, durchgestylt bis zu
den Uniformen der Angestellten.
44 West 44th Street
Tel. 869-4400, Fax 869-8965
U-Bahn: Times Square
167 Zimmer
Obere Preisklasse (AE, DC, EC, Visa)

Luxus auf amerikanisch: das Hotel Pierre

Washington Square Hotel
Das einzige Hotel, das direkt im Village liegt. Kleine Zimmer, beliebt bei jungen Leuten.
103 Waverly Place
Tel. 777-9515, Fax 979-8373
U-Bahn: Sheridan Square
180 Zimmer
Untere Preisklasse
(AE, EC, Visa)

Spaziergang

New York ist eine Stadt der Fußgänger, wobei »gehen« wohl nicht der richtige Ausdruck ist, um die Fortbewegungsart der Manhattaner zu beschreiben: Sie rennen. Den Blick auf den Boden gerichtet, um Fallen im Pflaster rechtzeitig zu erkennen, die Füße in dicke, weiche Turnschuhe gesteckt, was zu den Schneiderkostümen der Damen und den schwarzen Anzügen der Herren recht komisch aussieht. Rennen müssen Sie nicht unbedingt bei diesem Spaziergang, denn er führt durch New Yorks geruhsamsten Teil, durch den

Central Park. Gut zu Fuß sein sollten Sie aber schon, denn insgesamt sind Sie bei dieser Tour drei bis vier Stunden unterwegs.

Am Sonntag kann es länger dauern. Da verwandelt sich der Park in eine Bühne, auf der ganz New York auftritt, und Sie werden sicher stehenbleiben, um sich die Break- und Discodancer anzusehen, die selbstverliebten Rollschuhläufer, die zu einer Musik aus dem Walkman ihre Pirouetten drehen, die nur sie selbst hören, die schnittigen Radfahrer und vornehm gepuderten alten Ladies von der Upper East Side, die ihre Toy-Poodles spazierenführen. Noch eine Warnung: Bleiben Sie auf den belebten Wegen und glauben Sie nicht, daß dies ein Abendspaziergang sei: Sobald es dämmert, ist der Central Park zu meiden!

Tagsüber aber ist der südliche Teil des Central Park sicher, und Sie können Ihre Tour ruhig an der **Grand Army Plaza** gegenüber des berühmten Plaza Hotels beginnen. Dort stehen übrigens auch Pferde-

Komposition Ton in Ton auf der Lexington Avenue

kutschen, mit denen Sie einen Teil des Weges zurücklegen können. Folgen Sie dem breiten Pfad, der am Pond entlang zum **Dairy Information Center** führt. Dort erhalten Sie Auskunft über alle Veranstaltungen und Aktivitäten, die der Park bietet.

Im südlichen Central Park duldeten die Gartenarchitekten Vaux und Olmsted, denen 1858 die Gestaltung der 340 ha großen Fläche übertragen wurde, Gebäude – Theater, Freilichtbühnen, einen Zoo, Spiel- und Sportanlagen –, der Nordteil ist ganz der Natur überlassen. Die sonntäglichen Aktivitäten finden entlang der **Mall** statt, die zum **Lake** hinaufführt. Dort kann man Boote mieten, oder man kann sich gemütlich im **Boathouse Cafe** auf der Höhe der 72. Straße niederlassen, etwas essen und die Skyline Manhattans genießen. Im Westen erheben sich die massiven, teils doppeltürmigen Apartmenthäuser, die in den 30er Jahren erbaut wurden. Sie sind heute teure und begehrte Adressen, viele Künstler und Schauspieler haben hier ihr Domizil. Vom Lake aus ist es nur noch ein kurzer Spaziergang hinüber zur **Upper West Side** und zur 72. Straße, an der das berühmte **Dakota** steht. Es war das erste Apartmenthaus, das 1884 hier im Niemandsland erbaut wurde. Die Gegend war damals so fernab des Geschehens, daß die Manhattaner meinten, der Erbauer hätte sein Haus genausogut im fernen Dakota, damals noch Indianerland, errichten können – daher der Name des prächtigen Gebäudes. Über die Landesgrenzen hinaus wurde das Dakota bekannt, als vor seinen Toren 1980 John Lennon erschossen wure. Seine Frau Yoko Ono hat gegenüber im Park einen kleinen Garten anlegen lassen, **Strawberry Fields**, in dem sie in rührender Eindringlichkeit um Frieden und Gedenken für John bittet.

Folgt man Central Park West nach Norden, erreicht man das **Museum of Natural History**, ein großartiges Naturkundemuseum mit Planetarium und Dinosaurierskeletten. Es nimmt den ganzen Block bis zur **Columbus Avenue** ein, der Flanierstraße der Upper West Side. (Am Sonntag findet Ecke Columbus/ 77. Straße ein Flohmarkt statt!) Noch in den 70er Jahren war diese Gegend übelster Slum und kein Mensch dachte damals daran, hier zu »flanieren«. Heute reihen sich Restaurants, Boutiquen und Geschäfte entlang der Columbus und der parallel verlaufenden **Amsterdam Avenue**, die man am besten über die 72. Straße erreicht. Dort, wo sich Broadway und Amsterdam Avenue kreuzen, liegt **Verdi Square**, ein lebendiger kleiner Platz, an dem sich das **Ansonia** erhebt, ein Zuckerbäcker-Apartmenthaus aus dem Jahr 1904.

Folgt man dem Broadway in südlicher Richtung, erreicht man das **Lincoln Center of Performing Arts**, die Akropolis New Yorks. Hier hat die berühmte **Met** ihren Sitz, hier liegt das Stammhaus des **New York Philharmonic Orchestra**. Mit dem Bau dieses Kulturzentrums in den 60er Jahren begann die Aufwertung der Upper West Side. Um Platz für die Musen zu schaffen, wurde der Slum San Juan Hill, einer der schlimmsten New Yorks, in dem hauptsächlich Puertorikaner lebten, dem Erdboden gleichgemacht. Bevor die Bagger kamen, machten sich noch einmal die Kameraleute hier breit: Leonhard Bernsteins »West Side Story« wurde dort, wo die Liebesgeschichte spielt, gedreht. Werfen Sie noch einen Blick ins Foyer des **Metropolitan Opera House** – dort befinden sich zwei großartige Wandgemälde von Marc Chagall – bevor sie den Broadway in südlicher Richtung zum Columbus Circle spazieren, wo Sie sich wieder in die U-Bahn setzen können.

Sehenswertes

Broadway

Wer Broadway sagt, meint Theater und spricht damit von der Gegend um den Times Square. Um diesen bekanntesten Platz New Yorks konzentrieren sich – bedrängt von Porno-Schuppen, Riesen-Reklamen und neuesten Hochhäusern – nach wie vor die großen Sprech- und Musical-Bühnen.

Die Theatermeile stellt aber nur einen Bruchteil des Broadway dar. Er ist mit über 20 km nicht nur New Yorks längste Straße, sondern auch die einzige mit »Nebenstrecken«: dem **West Broadway** zwischen **Washington Square** und **World Trade Center** und dem **East Broadway** in der **Lower East Side**.

Am meisten aber irritiert die Schieflage, mit der der Broadway schamlos das strenge New Yorker Straßenraster durchpflügt und dabei so merkwürdige Kuchenstücke wie das **Flatiron Building** (Ecke Fifth Avenue) provoziert. Erst die 10th Street kann den Broadway zügeln und auf gerader Linie in Richtung **Battery Park** zwingen.

Brooklyn Bridge

Für viele ist sie die schönste Brücke, die je gebaut wurde. Wenige aber wissen, daß ihr Konstrukteur ein Deutscher war: der Ingenieur John A. Roebling. Er starb allerdings schon kurz nach Baubeginn. Auch sein Sohn Washington, der gelähmt von einem Rollstuhl aus die Arbeiten mit dem Fernrohr überwachte, erlebte die Eröffnung des Wunderwerks im Jahre 1883 nicht.

Seitdem ist Manhattan mit Brooklyn verbunden, und der Spaziergang von einem zum anderen Stadtteil auf den Holzplanken des Mittelstreifens gehört zum klassischen Programm des New-York-Besuchers.
U-Bahn: Brooklyn Bridge

Chinatown

In dem winzigen Geviert zwischen **Bowery, Canal, Mulberry** und **Worth Street** leben angeblich über 100 000 Chinesen. Sie tun auf jeden Fall alles, um sich zuhause zu fühlen. Viele sprechen nicht einmal englisch und brauchen es auch nicht in ihrer Stadt, die von chinesischen Schrifttafeln geprägt ist. »Ausländer« kommen nur hierher, wenn Sie billig einkaufen und ebenso preiswert wie köstlich essen wollen.
U-Bahn: Canal Street

Empire State Building

Es gehört zu den Bauwerken, die man unweigerlich mit New York assoziiert. Lange Zeit war es mit seinen 381 m das höchste Gebäude der Welt, einer der schönsten Wolkenkratzer in der klassischen »Hochzeitskuchenform« ist es noch heute.

Der 1931 erbaute Turm besitzt eine imposante, im Art-déco gestaltete Lobby. Sie werden ausreichend Zeit haben, sie zu betrachten, denn die Warteschlagen vor dem Lift, der einen zur Aussichtsplattform befördert, sind lang.
U-Bahn: Herald Square
Tgl. 9.30–24 Uhr, letzte Tickets werden um 23.25 Uhr verkauft
Eintritt: 4 $

Fifth Avenue

Eine der berühmtesten Straßen der Welt. Sie besitzt viel von dem, was New York Glanz und Gloria verleiht: einige der besten Wohn- (am Central Park) und Geschäftsadressen (z. B. Tiffany), ein paar der bekanntesten Gebäude (Trump Tower, Empire State Building oder der Art-Déco-Komplex des Rockefeller Centers) und die bedeutendsten Museen der Stadt. **St. Patrick's**, die eigentlich gar nicht so kleine Kathedrale New Yorks, duckt sich hier zwischen Wolkenkratzern, die **Public Library** mit ihren über 9 Mio. Büchern macht sich dagegen ganz schön breit. Und wenn es im Big Apple etwas zu feiern gibt, passiert es hier auf der Fifth Avenue.

Financial District

Geld regiert die Welt, wollen die zum Himmel greifenden Hochhäuser von Downtown sagen, und die nicht einmal sonderlich inspirierten Türme des **World Trade Center** sind das doppelte Ausrufezeichen hinter diesem Dogma, dem sich auch die **Wall Street** ganz unterworfen hat. Skulpturen von Noguchi, Calder oder Dubuffet sorgen für ein paar Schnörkel in der vom schnöden Mammon geprägten Welt. Wenn Sie am Morgen vor 9 Uhr durch die Wall Street spazieren, können Sie etwas von der Hektik mitbekommen, mit der der Mensch hinter dem Gelde herjagt. Anschließend lohnt sich ein Besuch in der Börse. Fahren Sie auf keinen Fall am Wochenende in den Finanzdistrikt – da ist die Gegend tot.
U-Bahn: Wall Street
Börse: 20 Broad Street
Mo–Fr 9.15–16 Uhr
Eintritt frei

Freiheitsstatue (→ Statue of Liberty, S. 72)

Greenwich Village

Nach wie vor das Schwabing von New York City: Früher ein Dorf vor den Toren der Stadt, später Tummelplatz der Bohème, dann von Spekulanten entdeckt und heute ein sehr unterhaltsames Konglomerat von Amüsement und Szene. Lebensrettende Infusionen bekommt das Village von der New York University, deren Studenten sich auf dem **Washington Square** erholen, und von der **Christopher Street**, eines der höchst lebendigen Zentren der Homosexuellenszene Amerikas. Völlig unvollständig kennt dieses Viertel, wer nicht sein Nachtleben erlebt hat, und das sollte unbedingt den Besuch eines der berühmten Jazz-Klubs beinhalten.
U-Bahn: Christopher Street

Little Italy

Obwohl oder gerade weil die Mafia hier überall die Finger mit im Spiel hat, gilt »Klein-Italien« als eines der sichersten Viertel der Stadt. Und obwohl es arg von der expandierenden Chinatown bedrängt wird, hat es doch, vor allem in der **Mulberry Street**, genuin italienisches Flair. Das gilt besonders Mitte September, wenn sich in Neapel, der Metropole der Vorfahren, das Blut von San Gennaro verflüssigt, und in New York nördlich der Canal Street unter zahllosen glitzernden Tricoloren ausgelassen gefeiert wird.
U-Bahn: Canal St./Lafayette St.

SoHo

»SOuth of HOuston Street« entstanden in der zweiten Hälfte des vergangenen Jahrhunderts Gebäude aus gußeisernen Fertigteilen. Zunächst von Kleinbetrieben genutzt, wurden die inzwischen verlassenen Lager- und Fabrikhallen erst wieder entdeckt, als das benachbarte Greenwich Village für das Künstlervolk zu teuer wurde. Die hohen, von korinthischen Säulen gestützten Räume erwiesen sich als ideal für Ateliers und Probenräume, später zogen trendige Läden und Galerien ein. Einige der wichtigsten (darunter

Wer nicht im Laufschritt unterwegs ist,
braucht etwa eine halbe Stunde,
um die Brooklyn Bridge zu überqueren.
Als sie eingeweiht wurde, ließ man
21 Elefanten hinübertrampeln,
um die Haltbarkeit der Konstruktion
unter Beweis zu stellen

Castelli und Mary Boone) sind wie an einer Perlenschnur am **West Broadway** aufgereiht.
U-Bahn: Spring St./6th Ave.

Statue of Liberty

Es gibt mehrere Möglichkeiten, sich der großen alten Dame zu nähern. Die billigste (50 c, ab Battery Park) ist die **Staten Island Ferry**, die in gebotenem Abstand an ihr vorbeituckert. Auch die große Manhattan-Rundfahrt mit der **Circle Line** (18 $, ab Pier 83 am Westende der 42nd St.) passiert die Freiheitsstatue, die ungeachtet ihrer eher wuchtigen Eleganz eigentlich Französin ist. Als Symbol der Freundschaft mit den Vereinigten Staaten kam sie nach New York – und stieß zunächst auf wenig Gegenliebe. Erst ein Spendenaufruf förderte den Sockel im Hafenbecken zutage, auf dem die Statue seit 1886 steht und die aus der Alten Welt einlaufenden Schiffe grüßt. Man sollte die Besichtigung der Statue unbedingt mit dem Besuch der benachbarten Insel **Ellis Island** verbinden. Nicht weniger als 17 Mio. Menschen sind über diese Insel in die USA gekommen, die seit 1990 ein eindrucksvolles Einwanderungsmuseum ist (9–17 Uhr, mit der Liberty Ferry ab Battery Park, 6 $).

UNO

Hinterfangen von der gotisch-sinistren Tudor-City türmt sich am East River in der Höhe der 42nd Street das Hauptquartier der Vereinten Nationen auf. Kommen Sie zwischen September und Dezember, wenn die Generalversammlung tagt, besorgen Sie sich einen Besucherpaß in der Lobby und essen Sie mit den Delegierten im Speisesaal zu Mittag.
1 Dag Hammarskjöld Plaza
U-Bahn: Grand Central
Geführte Touren ganzjährig zwischen 9.15 und 16.45 Uhr alle 30 Minuten
Tour: 6.50 $

Museen

American Museum of Natural History

Vergessen Sie das verstaubte Naturkundemuseum in Ihrer Heimatstadt! Zwar ist auch das größte der Welt nicht frei von Kuriositäten. Aber gerade die werden Sie (und Ihre Kinder!) faszinieren. Jurassic Park liegt im 3. Stock, zwei Etagen tiefer tobt eine Elefantenherde durch die Halle, dann paddeln Indianer in einem großen Kanu vorbei, und schließlich werden Sie mit Ihren Urahnen aus grauer Vorzeit konfrontiert. Am schönsten jedoch sind die zahllosen Dioramen, die exotische Tiere in ihrer natürlichen Umgebung zeigen.
Central Park West at 79th Street
U-Bahn: 79th St./Broadway
Tgl. 10–17.45 Uhr, Fr, Sa bis 20.45 Uhr
Eintritt: 6 $

The Cloisters

Völlig zu Recht heißt die Außenstelle des Metropolitan Museum »die Klöster«. Denn unter der Regie John D. Rockefellers wurden tatsächlich etliche Abteien und Kirchen hauptsächlich in Frankreich abgetragen und nördlich von Harlem wieder zusammengesetzt. Zwischen den original romanischen und gotischen Mauern ist eine der weltbesten Sammlungen mittelalterlicher Kunst untergebracht, vor allem Kleinkunst und Kunsthandwerk. Nicht nur wegen seiner herrlichen Lage in einem Waldstück über dem Hudson River wahrscheinlich das bezauberndste Museum in Manhattan.
Fort Tyron Park
U-Bahn: Dyckman Street

(besser: einstündige Busfahrt mit
der Linie 4 ab Madison Avenue)
Di–So 9.30–17.15 Uhr
Eintritt: 7 $

Cooper-Hewitt Collection

Eines von acht Museen an der 5th
Avenue am Central Park, der
berühmtesten Museumsmeile der
Welt. Die Stadtvilla des Industriellen
Carnegie zeigt Kunstgewerbe und
Design aus drei Jahrtausenden.
2 East 91th Street
Mi–Sa 10–17 Uhr, Di bis 21 Uhr,
So ab 12 Uhr
Eintritt: 5 $
U-Bahn: 86th St./Lexington Ave.

Frick Collection

Klein, aber fein. So könnte das Mot-
to für New Yorks beschaulichstes
Museum lauten. **Henry Clay Frick**,
Stahlbaron aus Pennsylvania, hat
nicht viel gesammelt, aber sein
Auge für Qualität scheint unbe-
stechlich gewesen zu sein. In der
vollständig wie ehedem eingerichte-
ten Industriellenvilla hängen von
den 40 bekannten Vermeers allein
drei (fünf weitere übrigens schräg
gegenüber im Metropolitan Museum).
1 East 70th Street
U-Bahn: Hunter College
Di–Sa 10–18 Uhr, So ab 13 Uhr
Eintritt: 5 $

Guggenheim Museum

»Einen Tempel im Sinne der un-
gegenständlichen Malerei« forderte
Solomon R. Guggenheim 1943
von seinem Architekten **Frank
Lloyd Wright**. Die entsetzten Nachbarn des Neubaus verhöhnten ihn
als »Brummkreisel«, der jedoch
längst seinen unwiderstehlichen
Sog ausübt. Die runde Rampe vorbei an weltbekannten Kunstwerken
herabzuschreiten, ist ein Vergnügen,
das einen ins Schweben bringt. Zur

permanenten Sammlung gehören
Gauguins, van Goghs und Picassos.
1071 5th Avenue
U-Bahn: 86th St./Lexington Ave.
So–Mi 10–18 Uhr, Fr, Sa 10–20 Uhr
Eintritt: 7 $

International Center of Photography

Das erst jüngst zu Museumswürde
herangereifte Medium Photographie
ist hier hinter georgianischer Fassade mit Spitzenwerken der besten
Bildermacher vertreten.
1130 Fifth Avenue
U-Bahn: 96th St./Lexington Ave.
Di–So 11–18 Uhr, Di bis 20 Uhr
Eintritt: 2.50 $

Jewish Museum

Auch die weltgrößte Sammlung von
Judaika ist in einem, in diesem Fall
gotischen, Stadtpalais an der 5th
Avenue untergebracht.
1109 Fifth Avenue
U-Bahn: 96th St./Lexington Ave.
So–Do 11–17.45 Uhr, Di bis 20 Uhr
Eintritt: 6 $

Metropolitan Museum

Einerseits vielleicht das wichtigste
Museum der Welt, andererseits
auch ein Moloch. Ein Tag reicht zur
groben Orientierung; um alles zu
sehen, müßten Sie Wochen bleiben.
Dann allerdings hätten Sie einen
ziemlich repräsentativen Querschnitt
von 5 000 Jahren Weltkultur gesehen. Und die erschöpft sich nun bestimmt nicht in europäischer Kunst,
so gut sie hier auch vertreten sind.
Nutzen Sie die Chance und gehen
Sie einmal auf Entdeckungsreise in
der Abteilung für die Kunst des Is-
lam. Oder lassen Sie sich faszinieren von der sogenannten Primitiven
Kunst. Dann können Sie ja hinüber-
gehen zu einem weiteren Höhe-
punkt der Weltkunst, der europäischen Malerei.

5th Avenue und 82nd Street
U-Bahn: 86th Street/Lexington Ave.
Di–So 9.30–17.15 Uhr,
Fr und Sa bis 20.45 Uhr
Eintritt: 7 $

Museum of Modern Art

Der Tempel für die Kunst unseres Jahrhunderts. Wer hier angekauft wird, braucht sich über seine Bedeutung als Künstler keine Gedanken mehr zu machen. Die Ausstellungen des MOMA sind Ereignisse, die Pilgerfahrten auslösen; die ständige Sammlung kann als hochqualifizierter Grundkurs der Moderne gelten. Delektieren Sie sich an Meisterwerken wie Picassos »Demoiselles d'Avignon« oder Warhols »Marilyn« und entspannen Sie sich nachher im wunderschönen Skulpturengarten des Museums.
11 West 53rd Street
U-Bahn: Rockefeller Center
Sa–Di 11–18 Uhr, Do, Fr
12–20.30 Uhr
Eintritt: 8 $

Pierpont Morgan Library

Für Liebhaber alter Bücher (Gutenbergbibel), Handzeichnungen, Manuskripte (Balzac) oder Autographen (Mozarts Haffner-Symphonie) ist der prächtige Renaissance-Palazzo des legendären Financiers ein Muß. Regelmäßige Ausstellungen zeigen Schwerpunkte der Bestände.
33 East 36th Street
U-Bahn: 33rd St./Park Ave.
Di–Fr 10.30–17, Sa 10.30–18 Uhr,
So ab 12 Uhr,
Aug. geschl.
Eintritt: 5 $

Whitney Museum

Das Granitgebäude **Marcel Breuers** ist für die Sammelstelle der amerikanischen Kunst des 20. Jh. längst zu klein geworden. Und dieser kleine Ausschnitt muß auch noch regelmäßig für die Biennalen der aktuellen US-Kunst weichen.
945 Madison Avenue
U-Bahn: 77th St./Lexington Ave.
Fr–So,Mi 11–18 Uhr, Do 13–20 Uhr
Eintritt: 7 $

Eine der besten Sammlungen moderner Kunst: Museum of Modern Art

Essen und Trinken

Café Pierre
Der ovale Saal ist so stilrein, daß man sich nicht wundern würde, wenn plötzlich Ludwig XIV. die Treppe herunterkäme.
2 East 61st Street/5th Avenue
Tel. 940-8185
U-Bahn: 60th St./5th Ave.
Obere Preisklasse (AE, DC, EC, Visa)

Diva
Gepflegter Norditaliener mit schickem Publikum. Gute Pasta.
341 West Broadway
Tel. 941-9024
U-Bahn: Prince St./Broadway
Mittlere Preisklasse (AE, EC, Visa)

Gramercy Tavern
Hier lebt die Tradition der Taverne wieder auf: Ausgezeichnete neue amerikanische Küche. Im Tavern Room ißt man genauso gut und preiswerter.
42 East 20th Street
Tel. 477-0777
U-Bahn: 23th St./Broadway
Mittlere Preisklasse (AE, EC, Visa)

Grand Ticino
Seitdem Cher hier (in »Moonstruck«) Saltimbocca alla Romana verzehrt hat, wollen Filmfans sie auch einmal probieren.
228 Thompson Street
Tel. 777-5922
U-Bahn: West 4th St.
Mittlere Preisklasse (AE, EC, Visa)

Home
»Zuhause« liegt – mit kleinem Garten! – im West Village und bietet ein Superbrunch. Ordern Sie auf jeden Fall den Schokoladenpudding.
20 Cornelia Street
U-Bahn: West 4th Street
Untere Preisklasse

Les Celebrites
Hollywood-Stars (daher der Name) dekorierten mit ihren Bildern den derzeit besten Franzosen der Stadt.
Essex House, 160 Central Park South
Tel. 247-0300
U-Bahn: 59th St./5th Ave.
Luxusklasse (AE, DC, EC, Visa)

Manhattan Ocean Club
Hier ist der Fisch so frisch, daß er fast noch schwimmt.
57 West 58th Street
U-Bahn: 57th. St./6th Ave.
Obere Preisklasse (AE, DC, EC, Visa)

Rosa Mexicano
Zwischen pinkfarbenem Stuck und üppiger Begrünung fangen die meisten erstmal mit der göttlichen Guacamole an.
1063 1st Avenue
Tel. 753-7407
U-Bahn: 59th St./Lexington Ave.
Mittlere Preisklasse (EC, Visa)

Smith & Wollensky
Nicht nur wegen der elefantösen Fleischstücke ein Steak-House par excellence.
201 East 49th Street
Tel. 753-1530
U-Bahn: 53rd St./Lexington Ave.
Obere Preisklasse (AE, DC, EC, Visa)

Tai Hong Lau
Das Ambiente ist wenig originell, aber die kantonesische Küche so original, daß die meisten Gäste die Nachbarn aus Chinatown sind.
70 Mott Street
Tel. 219-1431
U-Bahn: Canal Street
Mittlere Preisklasse (EC, Visa)

Einkaufen

Das Boot
In St. Mark's Place, Manhattans aus-
geflipptestem Viertel, steht der Titel
des Petersen-Films für schräge
Western-Stiefel (**boots**).
115 St. Mark's Place
U-Bahn: Cooper Square

Canal Jeans
Adresse Nummer eins für billige
Jeans, u.a. Levis.
504 Broadway
U-Bahn: Astor Place

Century 21
Wo die Wall-Street-Banker zum Dis-
count-Shopping gehen, muß es
natürlich Markenartikel geben: Dior,
Ralph Lauren, Calvin Klein – um die
Hälfte und mehr billiger.
22 Cordtland Street
U-Bahn: Cordtland Street

Complete Traveller Bookstore
Faszinierende Auswahl alter Reise-
bücher.
199 Madison Avenue
U-Bahn: 23th St./Park Ave.

Kitchen Arts & Letters
Nicht weniger als 9 000 Kochbücher
räumen auf mit der Legende, Amerikaner hielten nichts von guter
Küche.
1435 Lexington Avenue
U-Bahn: 96th St./Lexington Ave.

Macy's
Das größte Kaufhaus der USA hält
einen ganzen Block besetzt und hat
10 Stockwerke: Wer hier nichts findet, will einfach nichts kaufen.
34th Street & Broadway
U-Bahn: 33rd St./Broadway

Maxilla & Mandible
Der Naturfreund findet hier beim
Naturhistorischen Museum Affen-
skelette, Antilopenhörner oder einfach schöne Muscheln.
451-2 Columbus Ave.
U-Bahn: 81st St./Central Park

1909 Company
Bei Tee und Keksen können Sie in
diesem Laden Reproduktionen alter
Kleider anprobieren – und zum
Beispiel in einem seidig-samtenen
Opernmantel von 1924 abtreten.
63 Thompson Street
U-Bahn: Spring St./6th Ave.

Portico
Wunderschöne Öko-Sachen für Bett
und Bad in einem SoHo-Loft.
129 Spring Street
U-Bahn: Prince St./Broadway

Sculpture House Casting
Engel, Konsolen oder Helden aus
Gips in allen Größen zu kleinen
Preisen.
155 West 26th Street
U-Bahn: 28th St./7th Ave.

Tower Records
Das größte Plattengeschäft der
Welt schließt erst um 24 Uhr.
692 Broadway/4th Street
U-Bahn: 8th St./Broadway

Am Abend

Apollo Theatre
In diesem berühmten Theater in
Harlem hatten schon die später
ganz Großen ihr Debut. Mittwoch ist
Amateur Night, wo sich jeder der
Gunst des Publikums aussetzen
kann.
253 W. 125th Street
Tel. 864-0372

Blue Note
Große Stars, gutgelauntes Publikum
und jede Menge Rauch überdecken
das etwas zu grelle Dekor der Jazz-
kneipe.

131 West 3rd Street
Tel. 475-8592
U-Bahn: Washington Square

Chumley´s

Eine Kneipe, die, ganz wie
es sich für die in der Prohi-
bitionszeit verbotenen Lokale
gehört, schwer zu finden ist.
86 Bedford Street
U-Bahn: Houston Street
Tel. 675-4449

Limelight
Disko in einer ehemaligen Kirche.
47 W. 20th Street
Tel. 807-7850

Palladium
In einem ehemaligen Theater kann
man sich auf der größten Tanzfläche
der Welt austoben.
126 E. 14th Street
Tel. 473-7171

P.G. Clark´s
Singles reiferen Semesters finden
hier zueinander.
519 3rd Avenue
Tel. 759-1650

Aufregend: die Jazz-Szene
von Manhattan

Service

Auskunft
The New York Convention and
Visitors Bureau
2 Columbus Circle
New York, NY 10019
Tel. 397-8222

Öffentliche Verkehrsmittel
Die New York Metropolitan Transportation Authority verfügt über 200
Buslinien und 463 U-Bahn-Statio-
nen. Mitfahren kann man in Bussen
für (abgezählte!) 1.50 $, in den U-
Bahnen für **token** desselben Prei-
ses, die in den Stationen verkauft
werden.

Medizinische Hilfe
New York University Medical
Center
550 1st Avenue/30th Street
Tel. 340-7300
Apotheke
Kaufmann Pharmacy
557 Lexington Avenue/50th Street
Tel. 755-2266
24 Stunden geöffnet

Taxi
Die berühmten **Yellow Cabs** trans-
portieren Sie für 1.50 $ pro Viertel-
meile (lassen Sie den **meter** ein-
stellen!). Trinkgeld wird erwartet.
(10-15%).

Vorwahl von New York
212

Die Amerikaner pilgern hierher, um Geschichte live zu erleben, Europäern präsentiert sich Philadelphia als lebendige, ethnisch gemischte Metropole

Philadelphia
■ E 5

Philadelphia ist »... hübsch, aber verzweifelt regelmäßig. Nachdem ich eine oder zwei Stunden darin umherspaziert war, hätte ich weiß Gott was für eine krumme Straße gegeben. Mein Rockkragen schien steifer zu werden und meine Hutkrempe sich auszudehnen in dieser Quäkeratmosphäre. Meine Locken schrumpften zu einem weichen kurzen Haarbüschel ein, meine Hände falteten sich von selbst still über der Brust...«

So beschrieb Charles Dickens seinen Besuch in Philadelphia, der 1682 vom Quäker **William Penn** gegründeten Stadt. Dickens übertreibt natürlich ein bißchen: Von der Quäkeratmosphäre war zu seiner Zeit nicht mehr viel zu spüren. Die »Stadt der brüderlichen Liebe« hatte sich bald gewandelt, und zwar gerade aufgrund der »brüderlichen Liebe«, sprich, der Toleranz, die zum Credo der **Quäker** gehört. Im Gegensatz zu Boston etwa, das überaus rigide in religiösen Dingen war und auch die Quäker vertrieb, beziehungsweise sich ihrer durch Erhängen entledigte, förderte William Penn die Zuwanderung aller Berufsgruppen und Religionsangehörigen.

So siedelten sich schon bald nach der Gründung Geschäftsleute, Händler, Handwerker, Katholiken, Baptisten, Anglikaner, Juden an, die die Stadt binnen kurzem zum drittgrößten Atlantikhafen nach Boston und New York ausbauten. Diese wirtschaftliche Position wie das freiheitliche Denken der Quäker trugen dazu bei, daß Philadelphia neben Boston die Stadt war, die sich vehement für die Unabhängigkeit der Kolonien einsetzte. Die Unabhängigkeitserklärung wurde hier formuliert und unterzeichnet, der Großteil der Sehenswürdigkeiten der Stadt steht mit dieser Zeit in Verbindung.

Die Weltoffenheit der Quäker hat selbst für das gegenwärtige Philadelphia Folgen: Es ist noch heute eine multikulturelle Stadt; das zeigt sich besonders bei den vielen Festen, die die verschiedenen Volksgruppen an **Penn´s Landing**, der Bühne an der neu errichteten Waterfront, feiern und in **South Street**, der Geschäfts- und Flanierstraße. Südlich von South Street erstreckt sich das italienische Viertel mit einem Straßenmarkt, der direkt aus Süditalien importiert zu sein scheint.

Lange Zeit das höchste Gebäude der Stadt: die City Hall, das Rathaus

SEHENSWERTE ORTE UND AUSFLUGSZIELE

Hotels und andere Unterkünfte

Atop The Bellevue

Nach kürzlicher Renovierung ist das alte Flaggschiff unter Philadelphias Hotels wieder auf großer Fahrt.
1415 Chancellor Court
Tel. 893-1776, Fax 893-9868
U-Bahn: Walnut–Locust Station
170 Zimmer
Obere Preisklasse (AE, DC, EC, Visa)

La Reserve

Kleiner, eleganter Gasthof mit französischem Flair in der Nähe des Rittenhouse Square.
1804 Pine Street
Tel. 735-1137

U-Bahn: Lombard–South Station
8 Zimmer
Untere Preisklasse

The Rittenhouse

Noch ein ganz junges Hotel, das aber mit Marmor, Mahagoni und dunklem Tuch schon edle Reife zeigt.
210 West Rittenhouse Square
Tel. 546-9000, Fax 723-3364
U-Bahn: City Hall,
15-16th St. Station
98 Zimmer
Obere Preisklasse (AE, DC, EC, Visa)

Ritz-Carlton
Sobald man sich hinter der Fassade
des modernen Komplex Liberty
Place befindet, taucht man ein in die
antik-elegante Welt des Ritz-Carlton.
Gut geführt, mit allem Komfort aus-
gestattet.
17th St. zwischen Market und
Chestnut St.
Tel. 546-9559, Fax 563-1600
U-Bahn: City Hall
290 Zimmer
Obere Preisklasse (AE, DC, EC, Visa)

Shippen Way Inn
Urgemütliches Bed and Breakfast in
einer Seitenstraße der South Street
und unweit des Italian Market.
416-18 Bainbridge Street
Tel. 627-7266, Fax 627-7266
U-Bahn: 9-10th St. Station
9 Zimmer
Untere Preisklasse (AE, EC, Visa)

Spaziergang

Vergessen Sie die Glocke, die unter
einem Glassturz auf der grünen
Wiese bei der Market Street steht:
Die Schlangen, die sich um sie win-
den, sind lang, und wenn Sie endlich am Ziel sind, werden Sie nichts
sehen als eine Glocke mit einem
Sprung. Für die Amerikaner freilich
hat dieses Gußwerk symbolische
Bedeutung: Die **Liberty Bell** erklang
vom Turm der Independence Hall,
als 1776 die Unabhängigkeitserklärung verlesen wurde. Ebenfalls
ein wichtiger nationaler Schrein ist
die **Independence Hall**, die südlich
der **Chestnut Street** inmitten eines
kleinen Parks steht. Auch hier sind
die Warteschlangen lang, die Führung ist aber so informativ und das
1732–1756 erbaute Gebäude so
hübsch, daß sich die Warterei lohnt,
auch wenn einen keine patrioti-
schen Gefühle mit den historischen
Ereignissen verbinden, die hier statt-
fanden: Von 1775–1783 tagte der
Zweite Kontinentalkongreß; im

Wolkenkratzer am Kennedy Boulevard, einer der Hauptstraßen von Philadelphia

Assembly Room wurde George Washington 1775 zum Oberbefehlshaber der Kontinentalarmee ernannt, und am 4. Juli 1776 nahmen die Vertreter der dreizehn Kolonien die Unabhängigkeitserklärung an.

Liberty Bell und Independence Hall sind die wichtigsten Memorabilia im **Independence National Historical Park**. Der ganze National Historical Park umfaßt 26 Sehenswürdigkeiten, wobei man es aber dabei belassen darf, viele der hübschen kolonialen Häuser nur von außen zu betrachten und als Teil des Gesamterscheinungsbilds der rotgeklinkerten Altstadt zu sehen. So zum Beispiel die **Congress Hall** (1787–1789), die **Old City Hall** (1790–1791) und die **Philosophical Hall** (Baubeginn 1785), in der die American Philosophical Society, eine Gründung von Benjamin Franklin, untergebracht ist. Die **Liberty Hall**, jenseits der 5th Street, ist insofern interessant, als es sich um einen Neubau aus dem Jahr 1959 handelt, der dem Bibliotheksgebäude von 1789–1790 nachgebildet ist. Östlich neben der Library Hall steht die **Second Bank of the United States**, ein klassizistischer Bau aus den Jahren 1819–1824. Jenseits der Straße erhebt sich die **Carpenter's Hall** (1770), das hübscheste Gebäude des Parks, das zeigt, wie filigran man mit Ziegeln arbeiten kann.

Wenn man die **Walnut Street** überquert, gelangt man in das Viertel **Society Hill**. Das Viertel heißt nicht nach der High Society Philadelphias, obwohl die hier lebte, sondern nach der **Free Society of Traders**, die 1683 von William Penn überredet wurde, hier zu siedeln. Hier spielte sich der Alltag des revolutionären Philadelphia ab, hier lebten die Männer, die in den Jahren, als die Stadt am Delaware Hauptstadt des Landes war, die Geschicke der jungen Nation lenkten. Im 19. Jh. wurden andere Viertel en vogue, »man« zog nach Westen, Society Hill verfiel.

Erst in den 50er Jahren entdeckte Philadelphia, welches Juwel es da in seiner Mitte hatte, ein ganzes Viertel, in dem die Bausubstanz aus dem 18. und 19. Jh. erhalten ist! Heute, nachdem mehr als 900 Häuser renoviert und sensibel durch moderne Bauten ergänzt wurden, gilt Society Hill als eine der teuersten Gegenden in der Stadt.

Walnut Street im Norden, Lombard Street im Süden, die 7th Street und Front Street bilden die Grenzen von Society Hill; am besten lernt man dieses Viertel kennen, wenn man sich treiben läßt, ab und zu mal einen Blick in eine der Kirchen wirft und in die Durchgänge tritt, die zu den Innenhöfen führen: **Bingham Court** bei der 4th Street und **St. Joseph's Walk**, **Delancey Mews** bei der 2nd Street und **Delancey Street**, **Addison Court** bei der 6th Street und **Pine Street**, **Lawrence Court** zwischen der 4th und 5th Street und **Spruce** und **Pine Street**.

Am interessantesten ist die Gegend zwischen der 2nd und der 5th Street, und es lohnt sich, **Locust Street**, **Willings Alley**, **Cypress Street** und **Delancey Street** entlangzuschlendern. Zwei Häuser kann man auch von innen besichtigen: das **Physick-Keith House** (1786) Nummer 321 in der 4th Street und das **Powel House** (1765) Nummer 244 in der 3rd Street (beide Di–Sa 10–16 Uhr, So 13–16 Uhr). Besonders sehenswert ist auch der gesamte Häuserblock, der zwischen der 2nd und der 3th Street nördlich von **Spruce Street** liegt.

Je nachdem, was man besichtigen möchte, sollte man für diesen Spaziergang drei bis sechs Stunden einplanen.

Sehenswertes

City Hall

Das Rathaus im Stil der französischen Renaissance steht wie eine gigantische Hochzeitstorte mitten auf der Kreuzung von Broad und Market Street. Es ruht auf ungeheuer dicken Mauern, die den höchsten Bau Amerikas ohne Stahlkonstruktion stützen. Von ganz oben blickt ein über 10 m hoher William Penn über seine Stadt, geschaffen vom Großvater des Mobile-Künstlers Alexander Calder. Lange Zeit galt in Philadelphia das ungeschriebene Gesetz, daß kein Gebäude höher als die City Hall sein durfte. Es wurde erst 1987 gebrochen. Mit einer Führung kommt man bis zu den Füßen des Stadtgründers und kann seine Aussicht teilen.
U-Bahn: City Hall
Mo–Fr 10–15 Uhr

Elfreth's Alley

Diese kleine Straße mit Kopfsteinpflaster und Klinkersteinhäusern aus dem frühen 18. Jh. verläuft zwischen der 2nd Street und der Front Street. Sie ist angeblich die älteste kontinuierlich bewohnte Straße des Landes. Es fällt auf, daß die Gebäude eng und tief sind. Das lag daran, daß die Breite des Hauses die Grundlage für die Festsetzung der Steuer diente. Um das Finanzamt auszutricksen, baute man dreistöckige, schmalbrüstige Gebäude, sogenannte **Trinities**.
U-Bahn: 2nd Street Station

Fairmount Park

Der größte Landschaftspark der Welt innerhalb von Stadtgrenzen beginnt hinter dem Kunstmuseum und eignet sich glänzend zur Naherholung. Über das Gelände sind einige wunderschöne Villen aus der Kolonialzeit verteilt. Am besten erkundet man den Park mit dem **Fairmount Park Trolley-Bus**, der alle 20 Minuten zwischen 10 und 16.20 Uhr vom **Convention and Visitors Bureau** (Ecke 16th Street/JFK Boulevard) abfährt (3 $).

Italian Market

Es wird laut gefeilscht, lässig herumgestanden, erregt palavert, Espresso geschlürft, Pasta gedreht, und aus den Lautsprechern scheppern schmachtende **canzone**.
9th Street zwischen Dickenson und Christan Street
U-Bahn: Lombard–South Station

Wie in der Heimat: Italian Market in Philadelphia

SEHENSWERTE ORTE UND AUSFLUGSZIELE

Penn's Landing

Wie in allen Ostküstenstädten, wurde auch in Philadelphia die Berührung der Stadt mit dem Wasser im 20. Jh. städtebaulich völlig vernachlässigt. Erst 1976 entdeckte Philadelphia sein Ufer zum Delaware River neu, und dort, wo einst William Penn landete, entstand ein Freizeitpark inklusive Columbus Memorial und Hafenmuseum.
U-Bahn: 2nd St. Station

Washington Square

Washington Square gehörte zu den fünf kleinen Parks, die William Penn als Teil der ursprünglichen Stadtanlage plante. Im Lauf ihrer Geschichte war die Grünfläche Weide und Friedhof, noch heute steht hier zwischen den alten Bäumen das Grab des Unbekannten Soldaten der Amerikanischen Revolution. Werfen Sie einen Blick in das **Curtis Publishing Company Building** an der Nordseite des Parks (Ecke 6th Street/Walnut Street). Sehenswert ist das Mosaik in der Lobby; es stammt aus dem Jahr 1916 und trägt den Titel »The Dream Garden«. Es wurde nach einem Gemälde von Maxfield Parrish gestaltet; die Glassteine, die in 260 verschiedenen Farbtönen schimmern, stammen aus dem Studio von Tiffany.
U-Bahn: 9th-10th Station

Museen

Academy of Natural Sciences

Wunderbare Dioramen, jede Menge Dinosaurier und ein künstlicher Wald mit echten Kröten, Mäusen und Schlangen: Ihre Kinder werden vor Vergnügen kreischen.
19th Street/Benjamin Franklin Parkway
U-Bahn: Race–Vine Station
Mo–Fr 10–16.30, Sa, So bis 17 Uhr
Eintritt: 6 $

Franklin Institute Science Museum

Das Wissenschaftsmuseum ist die Entsprechung zum Deutschen Museum in München: Flugzeuge, ein Van-de-Graaf-Generator, flüssige Luft etc. Im neuen **Futures Center** gehen Sie im 21. Jh. spazieren, so wie die Forscher es sich vorstellen.
20th Street/Benjamin Franklin Parkway
U-Bahn: Race–Vine Station
Tgl. 9.30–17 Uhr
Eintritt: 9.50 $

Philadelphia Museum of Art

Der Kunsttempel mit den knallbunten Giebelskulpturen birgt Preziosen von Marcel Duchamp, van Eyck und Poussin. Zusammen mit der **Barnes Collection** trägt das Museum außerdem dazu bei, daß Philadelphia die größte Konzentration impressionistischer Malerei außerhalb Frankreichs besitzt.
26th Street/Benjamin Franklin Parkway
U-Bahn: Race–Vine Station
Di–So 10–17 Uhr, Mi bis 20.45 Uhr
Eintritt: 7 $ (So von 10–13 Uhr frei)

Norman Rockwell Museum

Der Idealist des amerikanischen Alltags schuf hier die Titelblätter der **Saturday Evening Post**. Das Museum zeigt 60 davon und das Studio, in dem sie entstanden.
6th Ecke Walnut Street
U-Bahn: 9-10th Station
Mo–Sa 10–16 Uhr, So 11–16 Uhr
Eintritt: 2 $

Rodin Museum

129 Skulpturen, darunter der »Denker« und »Die Bürger von Calais«.
22nd Street/Benjamin Franklin Parkway
U-Bahn: Race –Vine Station
Di–So 10–17 Uhr
Spende: erbeten

Essen und Trinken

Le Bec Fin
Amerikas Gourmets sind sich einig:
Dies ist das beste Restaurant der
Staaten. Der Chef kocht (natürlich)
französisch, das verschwenderische
Dekor (im Stil Louis XVI) hebt die
Stimmung.
1523 Walnut Street
Tel. 567-1000
U-Bahn: City Hall
Dinner Mo–Sa 18 und 21 Uhr
Luxusklasse (AE, DC, EC, Visa)

Ciboulette
Südfranzösische Küche. Besonders
gut ist das Geflügel.
1312 Spruce Street
Tel. 790-1244
U-Bahn: Walnut–Locust Station
Lunch Mo–Fr 11.30–14.30 Uhr
Dinner Mo–Sa 17.30–22.30 Uhr
Obere Preisklasse (AE, DC, EC, Visa)

Marabella´s
Cooler Italiener mit anspruchsvoller
Speisekarte; fürs Dinner werden kei-
ne Reservierungen angenommen.
1420 Locust Street
Tel. 545-1845
U-Bahn: 15-16th Station
Mittlere Preisklasse (AE, DC, EC,
Visa)

Old Original Bookbinder's
Die kleine Fischkneipe von Bookbin-
ders Ahnen rief ihre Gäste 1865
noch per Glocke zu Tisch. Heute ist
der Laden groß geworden.
125 Walnut Street
Tel. 925-7027
U-Bahn: 2nd St. Station
Mo–Fr 11.45–22 Uhr, Sa ab 15 Uhr,
So 13–21 Uhr
Obere Preisklasse (AE, DC, EC, Visa)

PhilaDeli
Gemütliches kleines Lokal, in dem
sich die Nachbarn treffen. Gutes
Frühstück, Sandwiches, Omelettes.
410-412 South Street
Tel. 923-1986
U-Bahn: Lombard-South
Untere Preisklasse

Kitschig-schön: der Giebel des Museum of Art

Susanna Foo

Phantastische chinesische Küche.
1512 Walnut Street
Tel. 545-2666
U-Bahn: City Hall
Lunch Mo–Fr 11.30–14.30 Uhr
Dinner Mo–Do 17–22, Fr–Sa bis
23 Uhr
Mittlere Preisklasse (AE, EC, Visa)

Einkaufen

American Institute of Architects Bookstore

Auf ihrem Gebiet ist diese Fachbuch-
handlung unschlagbar in der Auswahl.
17th Ecke Sansom Street
U-Bahn: 15-16th St. Station

Antique Row

Die Antiquitätenmeile in Philadelphia
mit an die 25 Läden. Wer Amerikana
als Souvenir sucht, wird hier garantiert fündig.
Pine Street zwischen 13th und 9th
Street
U-Bahn: Lombard–South Station

Borders Book Shop & Espresso Bar

Eine der in den USA sehr populären
Verbindungen von Buchhandlung
mit Café. Dazu mit über einer hal-
ben Million Büchern und Unmengen
(auch deutschprachigen) Zeitungen
und Magazinen sicher der größte
bookstore der Stadt.
1727 Walnut Street
U-Bahn: 15-16th Station

Daffy´s

Damen-, Herren- und Kinderkleidung, Markenartikel 40–75% reduziert.
Chestnut Street, Ecke 17th Street
U-Bahn: 15th Street

J.L. Smith

Stadtpläne und Landkarten von
jeder Ecke der Welt.
2104 Walnut Street
U-Bahn: 22nd St. Station

Night Dressing

Riesiges Angebot feiner Damen-
wäsche. Preisnachlässe von teilwei-
se 50%!
724 S. 4th Street
U-Bahn: 9-10th Street

Wanamaker's

TOP TEN 8

Nicht einfach ein Kaufhaus,
sondern eine Kathedrale des
Konsums, komplett mit Orgel!
Der zwölfstöckige Renaissance-
Einkaufspalast war 1910 fertig und
hält seitdem einen ganzen Block
(neben der City Hall) besetzt.
Zwischen Chestnut, Market, 13th
und Juniper Street
U-Bahn: 13th St. Station

Am Abend

Das abendliche Leben spielt sich in
der South Street ab, und zwar in
dem Abschnitt zwischen Front
Street und der 6. Straße. Diese
Gegend ist ideal zum Barhopping.
Im Sommer strömen die Nachtfalter
von Philadelphia ans Ufer des Delaware. Dort haben sich oberhalb der
Benjamin Franklin Bridge eine Reihe
von Clubs etabliert, die Live-Enter-
tainment bieten.

Katmandu

Disko, Bühnen, Bars und tropisches
Grün. Die Musik ist laut, das Essen
mäßig, der Blick über den Fluß großartig. Gemischtes Publikum.
25 Christopher Columbus Boulevard
Tel. 629-1101

The Kyber Pass Bar

In einem Ambiente, das an einen
britischen Club erinnert, treten je-

den Abend ab 21.30 Uhr Gruppen
auf: Jazz, Country, Folk, Rock.
56 S. 2nd St.
Tel. 672-6482

Zanzibar Blue
Jeden Abend Jazz im eleganten
Rahmen. Showtime: 17–21 Uhr,
21–2 Uhr. So Jazz-Brunch.
301 S. 11th Street
Tel. 829-0300

Service

Auskunft
Philadelphia Convention
& Visitors Bureau
Philadelphia, PA 19102
1515 Market Street
Tel. 6 36-33 00

Bahnhof
30th Street Station

Busse
1.50 $ kostet die Fahrt mit einem
der innerstädtischen SEPTA-Busse,
Umsteigen 40 c.
Busrundfahrten mit **American Trolley Tours**, Tel. 333-0320

Medizinische Hilfe
Hahnemann University Hospital
Broad & Vine Streets
Tel. 4 48-79 63
Apotheke
Penn Towers
1821 JFK Boulevard
Tel. 568-2366

Taxi
United Cab Association
Tel. 238-9500
1.80 $ pro Meile plus 15% Trinkgeld

Vorwahl von Philadelphia
215

Ausflugsziele

Atlantic City ■ F 6

Bevor der Spielteufel hier seine ma-
gischen Zirkel zog, war Atlantic City
ein renommiertes Seebad am Atlantik – der alte **boardwalk**, eine höl-
zerne Uferpromenade, zeugt noch
von diesen Zeiten. Mit dem Auf-
kommen des Ferntourismus verfiel
die Stadt, und so öffnete man dem
Teufel willig die Türen, als er an-
klopfte und suggerierte, man solle
doch eine Casinostadt hier errichten. Seitdem geht das Geschäft
wieder blendend – sogar der Millionär **Donald Trump** hat hier in ein
Casino investiert. Es heißt **Taj Ma-
hal** und ist eine Mischung aus indi-
schen Elementen und der Groß-
mannssucht des Baulöwen Trump.
In den Casinos kann man sehr preiswert essen und übernachten.

Barnes Foundation ■ E 5

Direkt vor den Toren der Stadt Philadelphia liegt eines der grandiosesten Museen der USA. Es wurde
von einem Privatmann, dem
Arzt **Albert C. Barnes**, errichtet
und enthält mehr als 1 000 Bil-
der, darunter allein 160 Renoirs. Alle
großen Vertreter der klassischen
Moderne sind hier versammelt, dazu Werke aus Persien, China, Grie-
chenland und Ägypten.
300 N. Latches Lane
Merion
Tel. 610/667-0290
Do 12.30–17 Uhr, Fr, Sa, So
9.30–17 Uhr
Eintritt: 5 $

TOPTEN
2

Die alte Stadt hat sich Anfang der 90er Jahre einem Lifting unterzogen und ihr einst recht desolates Geschäftsviertel in ein innerstädtisches Juwel verwandelt.

Providence
■ I2

Providence war immer eine hübsche Stadt, ja, eine der schönsten der Ostküste – östlich des **Providence River**. Dort liegt die **John Brown University** mit ihren Backsteingebäuden, dort ziehen sich begrünte Straßen über den Hügel, gesäumt von prächtigen, fachkundig restaurierten Stadtpalästen aus dem 18. und 19. Jahrhundert.

Wohlstand hat hier Tradition

Wer hier entlang der **Benefit Street** spaziert, kann ermessen, wie Neuengland florierte, wieviel Geld die Kaufleute mit ihren Schiffen verdienten. Große Summen kamen aus dem Sklavenhandel – obwohl man sich im Nordosten die Finger nicht schmutzig machte und selbst kaum Sklaven hielt, waren die moralischen, tief religiösen Neuengländer doch indirekt heftig am Geschäft mit der Ware Mensch beteiligt: Die Schiffe, die die Schwarzen aus Afrika in die Karibik verfrachteten und sie dort gegen Melasse tauschten, die dann in den neuenglischen Destillen zu Rum wurde, den man wiederum gegen Sklaven tauschte..., kamen alle aus dem Nordosten, vornehmlich aus **Rhode Island**. Zeugen dieser Vergangenheit stehen, wie gesagt, jenseits des Flusses. Diesseits konnte man die andere Seite des Nordostens studieren: die des wirtschaftlichen Niedergangs, als die Industrie gen Süden zog, die des städtischen Verfalls. Alte Waren- und Lagerhäuser standen leer, die **Arcade**, die älteste überdachte Shopping Mall des Landes, fristete ein trauriges Dasein.

Doch dann, mitten in einer Zeit, als andere Städte im Norden »Rezession« riefen und wehklagten, packte Providence den Stier bei den Hörnern. Ein neuer Bahnhof wurde gebaut, der alte in ein Büro- und Restaurant-Zentrum verwandelt, mehr als 140 Millionen Dollar wurden insgesamt in die Stadterneuerung gesteckt.

Man lenkte die Zuflüsse des **Woonasquatucket** und des **Mossassuck River** um, schuf Kanäle, an denen neue, begehrte Baugründe entstanden, überzog die Gegend westlich des Providence River mit Grün. Was dabei herauskam, ist sehenswert und gibt zu neuen Hoffnungen für die wirtschaftlich geschlagene Region Anlaß.

Historie und Moderne am Kennedy Plaza

Hotels und andere Unterkünfte

The Old Court

Direkt an der »historischen Meile« Benefit Street liegt dieses wunderschöne Bed & Breakfast, das luxuriös mit Parkettböden, Orientteppichen und Antiquitäten ausgestattet ist.
144 Benefit Street
Tel. 351-0747, kein Fax
11 Zimmer
Mittlere Preisklasse (AE, EC, Visa)

Omni Biltmore Hotel

Ehrwürdige Herberge, liebevoll renoviert, mitten in der Stadt und mit phantastischer Aussicht.
Kennedy Plaza
Tel. 421-0700, Fax 421-0210
289 Zimmer
Mittlere Preisklasse (AE, DC, EC, Visa)

State House Inn

Familiäre, ruhig gelegene Unterkunft im Country-Style nahe Downtown.
43 Jewett Street
Tel. 785-1235, Fax 351-4261
8 Zimmer
Untere Preisklasse (AE, EC, Visa)

Spaziergang

Wer gut Englisch spricht, beginnt diesen Spaziergang durch **College Hill** in der **Providence Preservation Society**, 21 Meeting Street. Dort kann man Kassetten ausleihen und sich mit ihrer Hilfe selbst auf eine Tour begeben, man kann sich aber auch einer Führung durch das historische Viertel anschließen (Zeiten telefonisch erfragen, Tel. 831-7440).

Zentrum und »historische Meile« der ältesten Wohngegend der Stadt ist die **Benefit Street**; sie besitzt angeblich mehr Gebäude aus der Kolonialzeit als jede andere Straße in den USA. Hier ließen sich die ersten Siedler von Providence nieder. Sie waren Roger Williams gefolgt, einem Mann, den die strengen, in religiösen Dingen intoleranten Puritaner aus Boston vertrieben hatten, und der hier 1636 eine Kolonie der Toleranz errichten wollte. Die ersten Grundstücke zogen sich in langen Streifen vom Fluß über den Hügel hin, sie wurden in den folgenden Jahrhunderten unterteilt und mit grandiosen Stadtvillen bebaut. Alle Gebäude sind sehenswert, das Viertel wirkt durch den Ensemblecharakter der Häuser aus dem 18. und 19. Jh. Unbedingt besuchen sollte man das elegante Haus an der Ecke zur **Power Street**, das sich John Brown 1786 bauen ließ (Di–Sa 11–16 Uhr, So 13–16 Uhr, 5 $).

Für einen Spaziergang durch die Benefit Street und die Nebenstraßen sollte man circa 2 Stunden veranschlagen; die Gegend ist eine reine Wohngegend, einkehren kann man hier nicht. Wer eine Pause machen und Kaffee trinken möchte, sollte der Benefit Street bis zur **Wickender Street** folgen und dort links abbiegen. Entlang dieser netten Straße findet man jede Menge Bars, Restaurants und hübsche Kaffeehäuser.

Sehenswertes

Brown University

Die berühmte Hochschule wurde 1764 als siebte Universität der heutigen USA gegründet und gehört zur Ivy League. Ein Spaziergang über den schönen Campus verrät viel von der Atmosphäre dieser Ostküsten-Denkschule, die besonders bei Amerikas junger Prominenz begehrt ist. Brooke Shields zum Beispiel hat hier Kunstgeschichte studiert.
45 Prospect Street
Führungen Mo–Fr 8.30–17 Uhr

First Baptist Meeting House
1638 gegründet, ist dies tatsächlich die erste Baptistenkirche Amerikas. Der jetzige Bau stammt von 1775, sein Entwurf aus John Gibbs' »Book of Architecture«. Der strahlend weiße Turm ist das Wahrzeichen der Stadt.
75 North Main Street
Mo–Fr 9–15.30, So 10–12.30 Uhr
Führung: Sept.–Juni So 12.15 Uhr; Juli–Aug. So 10.45 Uhr

Rhode Island State House
Der Marmorbau, den die bekannten Architekten McKim, Mead and White in den Jahren 1891/92 entwarfen, gilt als das schönste State House des Landes. Nach St. Peter in Rom besitzt es die größte selbsttragende Kuppel der Welt. Im Inneren sehen Sie ein Portrait von George Washington von dem Rhode Islander **Gilbert Stuart** – vergleichen Sie es mal mit einer 1 $-Note.
82 Smith Street
Mo–Fr 8.30–16.30 Uhr

Museen

Museum of Art
Qualitätvoller Rundumschlag in der Kulturgeschichte der Menschheit als Anschauungsunterricht für die Schüler der **Rhode Island School of Design (RISD)**. Eindrucksvoll die Impressionismusabteilung und ein japanischer Buddha aus dem 12. Jh.
224 Benefit Street
Sept.–Juni Di, Mi, Fr, Sa 10.30–17 Uhr, sonst Mi–Sa 12–17 Uhr
Eintritt: 2 $

Woods-Gerry Gallery
Hinter der Neo-Renaissance-Fassade stellen Professoren, Studenten und Ehemalige der trendigen RISD aus, einer der interessantesten Kunstakademien in Amerika. Kult-Regisseur Gus van Sant und Talking-Heads-Gründer David Byrne drückten hier die Schulbank.
62 Prospect Street
Mo–Sa 11–16, So 14–17 Uhr

Eine der ältesten Universitäten der USA: die Brown University in Providence

SEHENSWERTE ORTE UND AUSFLUGSZIELE

Essen und Trinken

The Capital Grille
In diesem eleganten Restaurant im ehemaligen Bahnhof (Union Station) kann man phantastische Steaks essen.
1 Cookson Place
Tel. 521-5600
Lunch: Mo–Sa 11.30–15 Uhr
Dinner: Mo–Do 17–22,
Fr–Sa bis 23, So 10–22 Uhr
Mittlere Preisklasse (AE, DC, EC, Visa)

Coffee Exchange
Gemütliches Café auf der studentischen Flaniermeile.
207 Wickenden Street
Tel. 273-1198

Hemenway's
Aalglatter Sea Food Grill mit Austernbar gegenüber der Old Stone Bank.
1 Old Stone Square/South Main Street
Tel. 351-8570
Mittlere Preisklasse (AE, DC, EC, Visa)

Einkaufen

The Arcade
In Amerikas ältester überdachter Shopping Mall gibt es auf drei Stockwerken kleine Geschäfte und Imbißstände.
65 Weybosset Street

Braman & Rowe Antiques
Schöne Auswahl amerikanischer Altertümer.
122 Brook Street

Simon´s
Gediegener Herrenausstatter mit freundlicher Beratung.
155 Westminster Street

Am Abend

The Hot Club
Sonntag und Mittwoch live Jazz, entspannte Atmosphäre.
575 S. Water Street
Tel. 861-9007

Trinity Square Repertory
Ambitionierte Bühne mit erstklassigen Gastspielen.
201 Washington Street
Tel. 351-4242

DER BESONDERE TIP

Holztische und – der Name verpflichtet – Dekor in Blautönen tragen zur gemütlichen, ungezwungenen Atmosphäre im **Bluepoint** bei. Die Weinkarte ist exzellent, und so begleitet ein guter Tropfen die ausgezeichnet zubereiteten Meeresspezialitäten. Hier sollten Sie nicht auf Vitamine verzichten: Die Salate sind hervorragend angemacht und mit frischen Kräutern verfeinert. 99 North Main Street, Tel 272-61 45, 17.30 – 22.30 Uhr, Bar bis 24 Uhr. Mittlere Preisklasse

Service

Auskunft
Greater Providence Convention
and Visitors Bureau
Providence, RI 02903
30 Exchange Terrace
Tel. 274-1636

Bahnhof
100 Gaspee Street

Vorwahl von Providence:
401

Ausflugsziele

Mystic Seaport   ■ H 3

Im Nachbarstaat **Connecticut** liegt
ein Freilichtmuseum, das alle
Aspekte des maritimen Lebens
Neuenglands abdeckt. Da kann man
eine Seilerei sehen und ein Walfang-
schiff, Ausstellungen geben Einblick
ins Kunstschaffen der Seefahrer: So
fertigten die Walfänger auf ihren langen Reisen kleine Schnitzereien aus
Walzähnen und Knochen, die sogenannten **scrimshaws**, die heute zu
hohen Preisen gehandelt werden.

Hier kann man den ganzen Tag
verbringen, essen, einkaufen, mit
dem Boot fahren. Angeschlossen ist
außerdem ein interessantes Aqua-
rium.
I 95, Exit 90
Museum: Juni–Aug. tgl. 9–20;
April, Mai und Sept, Okt. 9–16;
Nov.–Dez. 10–16 Uhr
Eintritt: 15 $
Aquarium: Juli–Anfang Sept.
tgl. 9–18 Uhr, sonst 9–17 Uhr
Eintritt: 9.50 $

Newport   ■ I 3

Wer glaubt, in Amerika gäbe es keine Könige und daher keine Schlösser, irrt. Es gibt sie, und das sogar in
einer Pracht- und Kitschentfaltung,
die die Monumente des Bayern-Kö-
nigs Ludwig in den Schatten stellen.
Ihre Erbauer nannten sie freilich
nicht Schlösser – sie tauften sie be-

Verträumtes Ziel für Hobbykapitäne: Mystic Seaport

scheiden **cottages**, Hütten, Sommerhäuschen. Daß diese »Häuschen« bis zu 70 Zimmer mit Kristallleuchtern, Seidentapeten und erlesensten Antiquitäten haben, zeugt von Understatement.

Die Sommerpaläste von Newport entstanden in der Zeit von 1890 bis 1914. Der geballte Reichtum, den einige Familien im 19. Jh. durch die Öffnung des Westens und den Sezessionskrieg verdient hatten, wurde hier zur Schau gestellt, man feierte rauschende Feste und versuchte in jeder Hinsicht, den Nachbarn durch noch mehr Prunk und Protz auszustechen. Bergab ging es mit Newport, als neue Steuer- und Antitrustgesetze eingeführt wurden. Die Häuser verfielen, und schließlich nahm sich die Preservation Society ihrer an, restaurierte sie und öffnete sie zur Besichtigung.

Die grandiosesten Sommerresidenzen sind **The Breakers** und **Marble House**. Vergnüglich ist ein Besuch der **Astor's Beechwood Mansion**. Dort treten

Schauspieler auf und entführen einen in die Welt der Superreichen. Wer den **Cliff Walk** entlangspaziert, nähert sich den Palästen von der Seeseite. Der Ort Newport selbst hat einen hübschen kolonialen Kern mit netten Restaurants.

Die Preservation Society unterhält die Mansions **The Breakers**, **Château-Sur-Mer**, **The Elms**, **Kingscote**, **Marble House** und **Rosecliff** sowie das **Hunter House** im Ort. Sie liegen fast alle an der **Bellevue Avenue**. Es gibt Kombinationstickets, die zwischen 12.50 $ und 32.50 $ kosten. Die Häuser sind im Sommer tgl. von 10–17 Uhr, sonst 10–16 Uhr geöffnet.
The Astor's Beechwood Mansion
580 Bellevue Avenue
Im Sommer tgl. 10–17 Uhr, sonst 10–16 Uhr
Eintritt: 7.75 $

TOPTEN 1

Astor's Beechwood Mansion: Einblick in das Leben der Happy Few ...

Rom jenseits des Atlantiks – der junge Staat griff auf große Vorbilder und bewährte Traditionen zurück, als er seinen Machtanspruch zu Stein werden ließ.

Washington
■ C 7

Blau, grün und weiß sind die Farben der Hauptstadt des Landes. Farben, die Entspannung, Ruhe und Solidität vermitteln und Washington zusammen mit dem heiteren Weiß-Rot-Blau der Sternenbanner, die von Masten und vor den Regierungsgebäuden wehen, ein großzügig-heiteres Gesicht verleihen, so, als sei dies ein kollektiver Freizeitpark, eine Stätte der Entspannung.

Die Touristen sehen Washington auch so: Für den Durchschnittsamerikaner gehört eine Fahrt in seine Hauptstadt zum Pflichtprogramm. Das Weiße Haus zu besichtigen, über die Mall zu schlendern und einen Blick ins **Capitol** zu werfen – einmal möchte man seinen Kindern das geboten haben. Und Washington empfängt seine Bürger großzügig: Alle Museen sind umsonst, wie auch alle Führungen – eine Tatsache, die sich auch angenehm in der Reisekasse des ausländischen Besuchers bemerkbar macht. Daß hinter dieser Kulisse hart gearbeitet wird, daß

Am römischen Vorbild orientiert: das Kapitol, Sitz des Kongresses

hier Entscheidungen fallen, die die Welt bestimmen und verändern, sieht man allenthalben an den Männern in Anzügen, die zum Bild Washingtons gehören wie die Marmorgebäude: Männer in Anzügen in den Bars von **Georgetown,** in den Lunch- und Breakfast-Räumen der Hotels und Restaurants im Regierungsviertel.

Eine Stadt der Arbeit

Männer in Anzügen, die aus den Flugzeugen strömen, durch die Hallen der **Library of Congress** oder des Kapitols eilen und die Frauen im Businesskostüm an Zahl noch immer übertreffen. Washington ist eine Stadt, in der hart gearbeitet wird, in die man nur zieht, um zu arbeiten – die echten, die geborenen Washingtonians wird man bei einem Besuch kaum treffen – sie gehören den Randgruppen an, leben abseits der Paläste der Macht.

Auf die Idee, daß 70 Prozent der Bevölkerung der Hauptstadt schwarz ist, käme man nie, wenn man durch die Regierungs- und Diplomatenviertel spaziert, daß hier die höchste Kindersterblichkeit der gesamten Nation und die höchste Mordrate der USA zu verzeichnen sind – wer möchte das annehmen, wenn er sich vom Blau-Grün-Weiß berauschen läßt? Von dieser Seite Washingtons erfährt man allenfalls, wenn, wie im Mai 1991 geschehen, Krawalle ausbrechen, wenn Autos brennen und Geschäfte geplündert werden – zwei Meilen nördlich vom Weißen Haus!

Doch, wie gesagt, von diesen Randerscheinungen im wahrsten Sinne des Wortes wird man nichts mitbekommen. Washington ist schön. Washington ist prächtig. Sogar die weißen Grabsteine von **Arlington**, dem Friedhof, in dem die Gefallenen aller Kriege liegen – direkt über dem **Pentagon** – ragen schön und weiß aus dem Grün. Washington ist die perfekte Kulisse. Weiß. Mächtig. Insgesamt: eine würdige Hauptstadt.

Im Skulpturengarten des Hirshhorn Museum

Hotels und andere Unterkünfte

Henley Park Hotel
Dieser kleine Tudor-Turm atmet englische Eleganz, und sein feiner Stil paßt ganz zu seinen Gästen.
926 Massachusetts Avenue, NW
Tel. 638-5200, Fax 638-6740
U-Bahn: Gallery Place
96 Zimmer
Obere Preisklasse (AE, DC, EC, Visa)

Kalorama Guest House
Nicht weit von Washingtons ethnischer Amüsiermeile in Adams Morgan sind Sie in diesem hübschen Bed & Breakfast untergebracht wie bei Großmuttern.
1854 Mintwood Place, NW
Tel. 667-6369, Fax 319-1262
U-Bahn: Woodley Park/Zoo
31 Zimmer
Untere Preisklasse (AE, EC, Visa)

The Latham Hotel
Mitten in Georgetown liegt dieses relativ neue, elegant eingerichtete Hotel.
3000 M Street, NW
Tel. 726-5000, Fax 337-4250
164 Zimmer
Obere Preisklasse (AE, DC, EC, Visa)

Washington International Youth Hostel
Achtstöckiger, 1987 renovierter Backsteinbau mit sauberen Bädern und 4–14-Bett-Zimmern. Man darf selbst kochen!
1009 11th Street, NW, Ecke K Street
Tel. 737-2333
U-Bahn: Metro Center
250 Betten
Untere Preisklasse

Willard Inter-Continental
Seit 1901 das Kronjuwel der Hauptstadt-Hotellerie.
1401 Pennsylvania Avenue, NW
Tel. 628-9100, Fax 637-7326
U-Bahn: Metro Center
328 Zimmer
Luxusklasse (AE, DC, EC, Visa)

Spaziergang

Der wichtigste Spaziergang in der Hauptstadt führt über die **Mall**, einem Grünstreifen von 3,2 km Länge und 170 m Breite, der sich zwischen dem **Capitol** und dem **Lincoln Memorial** erstreckt.

Die Denkmaldichte ist hier beeindruckend. Jeder, der seinen Platz in der amerikanischen Geschichte hat oder haben möchte, will sich mit einem Memorial auf der Washingtoner Mall verewigt wissen. Darüber, daß es nicht zuviele Gedenkstätten gibt, wacht eine Kommission, die allerdings nicht verhindern kann, daß man schon jetzt den Eindruck hat, die Erde würde unter der Last der Denkmäler ihre Krümmung verlieren. Das erste Monument war der Obelisk für **George Washington,** dann zog **Abraham Lincoln** ein. Sein Memorial ist einem griechischen Tempel nachempfunden, in dem der Präsident sitzt, mit der beneidenswerten Aussicht über den **Reflecting Pool** und das Kapitol. **Jefferson** erhielt eine weiße Rotunde nach dem Vorbild des Pantheon in Rom – sein Denkmal ist das wohl meist fotografierte Gebäude in Washington – an dem Motiv mit den rosa blühenden Kirschbäumen und dem Blau des **Tidal Basin** kann kein Mensch vorbeigehen, ohne auf den Auslöser zu drücken. Das berührendste Denkmal auf der Mall ist das, das nicht für eine Person errichtet wurde, sondern für 58132 Menschen: für die Gefallenen des Vietnamkrieges. Es ist eine Wand, eine schlichte Granittafel, auf der der Name jedes einzelnen Soldaten eingraviert ist. Anders als jedes bombastisch-martialische Kriegerdenkmal bewirkt das **Vietnam Veterans Memorial**, daß man hier wirklich begreift, daß hinter der abstrakten Zahl Menschen stehen, daß jeder der Getöteten ein Freund, Sohn, Vater war. Ergreifende Szenen finden vor diesem Denkmal statt, Hinterbliebene pausen die Namenszüge ab, legen kleine Geschenke nieder. Eindringlicher kann man die Unsinnigkeit eines Krieges und des Abschlachtens von Tausenden von Menschen nicht verdeutlichen.

Ebensogroße Betroffenheit wie das Vietnam Veterans Memorial erregt das **Holocaust Museum**, das den Schrecken der Nazizeit und der Vernichtung der Juden gewidmet ist. Es ist nur eines der vielen Museen, die sich zu beiden Seiten der Mall erstrecken und fast alle zur **Smithsonian Institution** gehören. Je nachdem, wieviel Zeit man in ihnen verbringt, wird man für einen Spaziergang über die Mall drei Stunden bis zu einem Tag brauchen.

Sehenswertes

Arlington National Cemetery
Zunächst letzte Ruhestätte für Soldaten, die bei der Verteidigung Washingtons im Bürgerkrieg fielen, wurde das Gelände um General Robert E. Lees Besitz **Arlington House** 1883 zum National-Friedhof der Vereinigten Staaten erklärt. Endlose Reihen von weißen Steinen kennzeichnen die Gräber von inzwischen über 200 000 Militärs auf dem grünen Hügel, von dem man über den Potomac auf die Hauptstadt blickt. Das Pentagon liegt passenderweise ebenfalls in Sichtweite. Hauptsehenswürdigkeiten sind das Grab **John F. Kennedys** und das **Grab des Unbekannten Soldaten**. Tgl. 8–19 Uhr, Okt.–März bis 17 Uhr U-Bahn: Arlington

Embassy Row
So heißt der Abschnitt der Massachusetts Avenue zwischen Scott Circle und Observatory Circle, an dem fast 50 der insgesamt über

Vietnam Memorial: Gedenken an die Opfer des Vietnamkriegs

140 Botschaften liegen. Viele dieser Vertretungen sitzen in Villen, die bis zum Börsenkrach den reichsten Einwohnern der Hauptstadt gehörten. Bei einem Spaziergang entlang der prächtigen Beaux-Arts-Fassaden können Sie den Glanz der Diplomatie erleben.
U-Bahn: Dupont Circle

Georgetown

Kongreßabgeordnete, ausländische Würdenträger und die Intelligenz der Hauptstadt wohnen in den ruhigen Seitenstraßen dieses hochbegehrten Viertels. Die Hauptstraßen von Georgetown dagegen, M Street und Wisconsin Avenue, leben von Kneipen, Boutiquen, Bars und Clubs, bevölkert nicht zuletzt von den Studenten einer der besten Hochschulen des Landes, der **Georgetown University**.

Library of Congress

TopTen 3 Die größte Bibliothek der Welt ist entgegen ihrem Namen nicht allein Abgeordneten vorbehalten, sondern jedem Normalsterblichen über 18 Jahre zugänglich. Wer unter den insgesamt 90 Mio. Schriftstücken, die hier auf ungefähr 900 km Regalfläche aufgereiht sind, nichts für sich findet, kann wahrscheinlich nicht lesen und sollte sich wenigstens an dem grandiosen Kuppelsaal im Zentrum der Bibliothek erfreuen.
1st Street/Independence Avenue, SE
U-Bahn: Capitol South
Führungen Mo–Fr 10, 13, 15 Uhr, ab Madison Bldg., Zi 139

Supreme Court

Der Oberste Gerichtshof der USA verschüchtert seine Besucher mit einer strahlend weißen Marmorfassade über einem ausladenden Treppenpodest. Doch die Tore sind sogar zu den Sitzungen offen. Man muß sich nur in der **Washington Post** über den Zeitplan informieren.
1st Street/East Capitol Street, NE
Mo–Fr 9–16.30 Uhr
U-Bahn: Union Station

Imposante Architektur: der Supreme Court, der Oberste Gerichtshof

White House

Das Zuhause des wahrscheinlich mächtigsten Mannes der Welt kann Di–Sa von 10 bis 12 Uhr besucht werden! Sie müssen nur früh genug aufstehen, um am Freikarten-Schalter an der Ellipse Ihr Ticket zu besorgen (ab 8 Uhr). Mitte September bis Mitte März stellt man sich direkt am Südosttor an.
1600 Pennsylvania Avenue
U-Bahn: McPherson Square

Museen

Dumbarton Oaks

Byzantinische, präkolumbianische und Gartenkunst waren die Leidenschaften, denen das Diplomatenehepaar mit dem schönen Namen Bliss frönte. Wenn Sie ihren ehemaligen Besitz hoch über Georgetown besuchen, werden Sie garantiert auch süchtig.
2715 Q Street, NW
Di–So 14–17 Uhr, Garten tgl. 14–18 Uhr (Garten: Eintritt 3 $).

Hillwood Museum

In der Residenz oberhalb des Diplomatenviertels versammeln sich dekorative Spitzenwerke französischer und russischer (Fabergé!) Kunsthandwerker, umgeben von einem gepflegten Garten inklusive Hundefriedhof. Ein exklusives Vergnügen nur für angemeldete Besucher.
4155 Linnean Drive
Tel. 686-5807
U-Bahn: Van Ness-VDC
Führungen Di–Sa 9, 10.30, 12, 13.30 und 15 Uhr
Eintritt: 10 $

Hirshhorn Museum

Drinnen Rothko, de Kooning und Konsorten, draußen zum Beispiel Rodin und Calder: Ein eigentümlicher, zylindrischer Bau und ein angrenzender Skulpturengarten künden von der Sammelleidenschaft eines Wall-Street-Unternehmers.
Independence Avenue/7th Street
U-Bahn: L'Enfant Plaza
Tgl. 10–17.30 Uhr

US Holocaust Memorial Museum

Mehr eine Gedenkstätte als ein Museum. Der erst kürzlich eröffnete Bau will seinen Besuchern die Opfer des Naziregimes in Erinnerung bringen.
100 Raoul Wallenberg Place, SW
U-Bahn: Smithsonian
Tgl. 10–17.30 Uhr

National Air and Space Museum

8 Mio. Menschen kommen jährlich, um Flugmaschinen vom »Flyer« der Wright-Brüder bis zur Weltraumrakete zu bestaunen und machen dieses Museum damit zum meistbesuchten der Welt.
Independence Avenue/6th Street
U-Bahn: L'Enfant Plaza
Tgl. 10–17.30 Uhr

National Gallery of Art

Eine Handvoll sammelnder Mäzene hat der Hauptstadt eines der besten Museen des Erdballs beschert. Hier läßt sich anhand von Spitzenwerken die Kunstgeschichte vom 13. Jh. bis zur Klassischen Moderne in gediegener Atmosphäre studieren.
Constitution Avenue/6th Street
U-Bahn: Archives–Navy Memorial
Mo–Sa 10–17 Uhr, So 11–18 Uhr

National Museum of American Art

Mit berechtigtem Nationalstolz wird hier die Kunst der Neuen Welt vorgezeigt. In der angeschlossenen **Portrait Gallery** machen Sie Bekanntschaft mit allen bisherigen US-Präsidenten.
8th Street/G Street
U-Bahn: Gallery Place
Tgl. 10–17.30 Uhr

Phillips Collection

1921 als Amerikas erstes Museum für moderne Kunst eröffnet, beherbergt dieses Backsteinhaus vor allem Erstklassiges aus den Ateliers der Impressionisten. Außerdem finden Sie hier die größte Sammlung von Werken von Pierre Bonnard in den USA.

1600-1612 21th Street, NW
U-Bahn: Dupont Circle
Mo–Sa 10–17 Uhr, So 12–19 Uhr
Eintritt 6.50 $

Essen und Trinken

Center Café

Eines von vielen Restaurants in der glamourös renovierten Bahnhofshalle. Wegen der Hummer-Ravioli könnte man leicht den Zug verpassen.

40 Massachusetts Avenue, NE
Tel. 682-0143
U-Bahn: Union Station
So–Do 11.30–22.30 Uhr, Fr und Sa bis 24 Uhr
Mittlere Preisklasse

House of Representatives Restaurant

Im Südflügel des Kapitols kostet Sie das Mittagsbuffet genauso wenig wie die Abgeordneten. Bohnensuppe ist der große Klassiker.

Room H 118
Tel. 225-6300
U-Bahn: Capitol South
Mo–Fr (wenn der Kongreß tagt)
8–11 und 13.30–14.30 Uhr
(ansonsten durchgehend)
Untere Preisklasse

Montego Café

Im Hintergrund ein flotter Reggae, im Mund ein Bob-Marley-Sandwich, im Blickfeld das Treiben in Adams Morgan: eines der entspanntesten Plätzchen im District of Columbia.

2437 18th Street
Tel. 387-7222
U-Bahn: Woodley Park/Zoo
Untere Preisklasse

Das meistbesuchte Museum der Welt: National Air and Space Museum

SEHENSWERTE ORTE UND AUSFLUGSZIELE

Morrison-Clark Inn

Im Dining Room einer viktoriani-
schen Villa (und ausgezeichneten
Hotels) zelebriert Küchenchefin
Susan Lindeborg verfeinerte Haus-
rezepte wie gefüllte Wachtel.
Massachusetts Avenue/11th Street
Tel. 898-1200
U-Bahn: Mount Vernon Sq.–UDC
Tgl. Dinner bis 21 Uhr
Obere Preisklasse (AE, DC, EC, Visa)

Einkaufen

Indian Crafts Shop

Im Innenministerium gibt es indiani-
sches Kunsthandwerk von höchster
Qualität.
18th Street/Ecke C Street
U-Bahn: Farragut West

Kramerbooks & Afterwords

Irgend jemand hat ausgerechnet,
daß nirgendwo in den USA mehr
Bücher pro Quadratmeter verkauft
werden als hier.
1517 Connecticut Avenue, NW
U-Bahn: Dupont Circle

Once Is Not Enough

Die feinen Damen der Hauptstadt
lassen hier ihre Abendroben Se-
cond-hand verkaufen.
4830 MacArthur Boulevard

Penn Camera Exchange

Hier gehen die Profis und Pressefo-
tografen Washingtons einkaufen:
Neue und gebrauchte Kameras bis
zu 40% reduziert!
915 E Street, NW
U-Bahn: Metro Center

Am Abend

The American Film Institute

Der Saal im Kennedy Center hat ma-
kellose Vorführgeräte, die Klassiker,
Kultfilme und Reihen zu interessan-
ten Themen abspulen. Manchmal
gibt es Diskussionen mit Größen
wie Milos Forman oder Jack Lem-
mon.
New Hampshire Avenue, NW/Rock
Creek Parkway
Tel. 828-4000
U-Bahn: Foggy Bottom

Vor allem bei jüngerem Publikum beliebt: Montego Café

Blues Alley
In »the Nations finest Jazz Supper Club« (NY Times) essen Sie kreolische Leckereien und sehen Stars wie Charlie Byrd oder Wynton Marsalis. Unbedingt reservieren!
1073 Rear Wisconsin Avenue, NW
Tel. 337-4141
Shows um 20 und 22 Uhr

River Club
Würde das Thunfisch-Tatar mit kaviargefülltem Crêpe nicht neue amerikanische Küche suggerieren, fühlte man sich in diesem plüschigen Tanz-Lokal wie in den 30er Jahren.
3223 K Street, NW
Tel. 333-8118
Dinner Mo–Do 18–23.30, Fr und Sa bis 24, Dancing bis 2 bzw. 3 Uhr
Obere Preisklasse

Service

Auskunft
Wiechmann Tourism Service
Scheidswaldstr. 73
60385 Frankfurt
Tel. 069/ 495 04 93
The Washington DC Convention and Visitors Association
1455 Pennsylvania Avenue, NW
Tel. 789-7038

Bahnhof
Union Station
50 Massachusetts Avenue, NW
Tel. 800-872-7245

Busse
Greyhound-Busbahnhof
1st Street Ecke L Street, NE
Tel. 310-565-2662

Medizinische Hilfe
George Washington University Medical Center
901 23rd Street
Tel. 994-3884

Peoples Drug Stores
1121 Vermont Avenue, NW
Tel. 68-0720

Taxi
Diamond
Tel. 387-6200
Yellow
Tel. 544-1212

Vorwahl für Washington
202

Ausflugsziel

Virginia Beach und die Outer Banks ■ D 10

Wenn sich gestreßte Beamte, Lobbyisten und Juristen nach Sand und Wellen sehnen, fahren sie nach Virginia Beach, ergehen sich auf dem hölzernen Boardwalk, und genießen das Strand- und das Nachtleben – beides gleich bunt und attraktiv.

Einsamer wird's im **False Cape State Park**, der sich südlich bis zur Grenze nach North Carolina hinzieht. Hier lockt goldfarbener Sand, hier herrscht die Natur.

Der Küste vorgelagert liegen die **Outer Banks**. Wind und Wellen haben sie geformt – manche Geologen glauben, daß sich die Kette von Inseln und Halbinseln langsam auf das Festland zubewegt. Die Outer Banks sind nur über Brücken zu erreichen, sie bieten180 Meilen Strand und Salzmarsch. Die Gebrüder Wright probierten hier in der Einsamkeit ihr Flugzeug aus und wurden dafür mit einem Denkmal geehrt.

SEHENSWERTE ORTE UND AUSFLUGSZIELE

Wenn Sie genug von den schönen,
aber anstrengenden Städten
an der Ostküste haben: Fahren Sie ans
Meer, und lassen Sie sich eine
frische Brise um die Ohren wehen

Nicht nur Metropolen bestimmen das Bild der amerikanischen Ostküste – hinter dem Städtegürtel gibt es noch weites Land zu entdecken!

Die Ostküste ist zwar der am dichtesten besiedelte Teil der USA, doch sobald man sich aus dem Bannkreis der Städte entfernt, findet man kleine Dörfer, weites, fruchtbares Ackerland, Naturparks, in denen man wandern und wilde Tiere sehen kann. Die Landesnatur der Ostküste wird bestimmt vom Gebirgszug der **Appalachian Mountains**, der sich parallel zur Küste in Nord-Süd-Richtung erstreckt. Ein berühmter Wanderweg, der **Appalachian Trail**, erschließt das Gebirge; wenn man ihn von Georgia bis Maine abschreitet, ist man Monate unterwegs. Das Land hinterm Strand kann man aber auch in kürzerer Zeit kennenlernen, indem man einige Rundfahrten unternimmt. Dafür braucht man allerdings ein Auto. Mit öffentlichen Verkehrsmitteln kommt man in den ländlichen Gegenden der USA nicht weit. Angenehm bei Reisen an der Ostküste ist, daß die einzelnen Sehenswürdigkeiten nah beieinanderliegen; man muß also nicht lange Stunden im Auto verbringen, bevor man sein Ziel erreicht.

Wie wäre es mit einer Fahrradtour auf Martha´s Vineyard?

106

Von Boston nach Lexington, Concord und Old Sturbridge Village

TOP TEN 6

Lexington und Concord liegen so nah bei Boston, daß man die beiden Dörfer in vormotorisierter Zeit in wenigen Stunden mit dem Pferd erreichen konnte. **Paul Revere** und **William Dawes** stellten das unter Beweis in ihrem historischen Ritt in der Nacht vom 18. zum 19. April 1775. Sie brachen auf, um die Unabhängigkeitskämpfer, die sich in Lexington und Concord aufhielten, zu warnen, daß britische Truppen unterwegs waren, die es auf die Waffenlager der Patrioten und die Führer der Bewegung, **John Hancock** und **Samuel Adams**, abgesehen hatten. Die **Battle Road**, die die beiden kleinen neuenglischen Bilderbuchstädte verbindet, weist auf die historische Bedeutung der Orte hin: Hier fand – an der **Old North Bridge** in Concord – der erste bewaffnete Zusammenstoß zwischen den Truppen der Kolonisten, den sogenannten **Minute Men**, und den Briten statt.

Mit vielen Pferdestärken in die Vergangenheit

Heute erreicht man **Lexington** in etwa halbstündiger Fahrt, wenn man in Boston über den **Memorial Drive** auf die Route 2 North fährt und dann die Route 4 nimmt. Lexington ist ein hübscher kleiner Ort mit einem geschäftigen Zentrum und einem **Green** oder **Common**, wie ihn alle neuenglischen Städte haben. Hübsche koloniale Häuser um-

Indian Summer in Lexington

rahmen den Green, weiß gepinselt und gepflegt, ein Denkmal weist auf die historische Rolle der Stadt hin: Da steht ein gelockter Jüngling mit offenem Hemd, einer der »Minute Men«. Die Battle Road (Route 2 A) ist trotz ihres martialischen Namens eine friedliche kleine Landstraße, die durch dichte Wälder, vorbei an geduckten Holzhäusern, führt. An ihr liegt der **Minute Men National Historical Park**, in dem es ein Visitors Center gibt, das über die Geschichte von Lexington und Concord informiert. **Concord** gehört zu den hübschesten kleinen Städten Neuenglands: Wunderschöne alte Häuser, ein kleiner Common mit einem gediegenen Inn, weiße Kirchen, alte, verwunschene Friedhöfe.

Das Weimar Amerikas

Wenn man zur Old North Bridge spaziert, kommt man an **The Old Manse** vorbei, einem ehemaligen Pfarrhaus aus dem Jahr 1769. Mitte des vorigen Jahrhunderts zog Concord die literarische Elite der Ostküste an, neben Nathaniel Hawthorne lebten hier Ralph Waldo Emerson, Margaret Fuller und Henry David Thoreau. Sie waren die Hauptvertreter des Transzendentalismus, der als erste eigenständige literarisch-philosophische Bewegung Amerikas gilt.

Über die **Sudbury Road** und die Route 20 erreicht man einen anderen Ort, der durch einen Literaten zu Ruhm gelangte: den **Wayside Inn**. Longfellow hat ihm ein Gedicht gewidmet, und noch heute herrscht in dem alten Gasthaus die gediegene Atmosphäre vergangener Tage.

Heile Welt im alten Dorf

Bleiben wir im 19. Jahrhundert: Die Interstate 90 weist uns den Weg. Auf ihr erreicht man nach etwa 90minütiger Fahrt **Old Sturbridge Village**, eines jener Freilichtmuseen, die man »living history museums« nennt, weil hier Geschichte erlebbar und nachvollziehbar gemacht wird. Kostümierte Schauspieler schlüpfen in die Rollen von Handwerkern, Bauern, Schreibern, Müllern aus dem 19. Jahrhundert, erklären und demonstrieren ihre Arbeit. Alle Gebäude in diesem Hausmuseum sind aus derselben Zeit, man findet sich in einem riesigen Dorf mit Ländereien, die noch in althergebrachter Weise bebaut werden. Das ganze Jahr hindurch finden hier verschiedene Veranstaltungen statt, im Dorf kann man essen und picknicken. Für das Museum sollte man sich unbedingt einen ganzen Tag Zeit nehmen.

Old Sturbridge Village
I 90, exit 9
Tel. (508) 347-3362
Im Sommer tgl. 9–17 Uhr, sonst Di–So 10–16 Uhr
Eintritt: 15 $ (gültig für 2 Tage)

Dauer: 2 Tage

Ins Amish Country

■ D 5

Das Land der »Pennsylvania Dutch« liegt eineinhalb Autostunden von Philadelphia entfernt in der Gegend um **Lancaster.** Obwohl »Dutch« »holländisch« heißt, darf man hier keine Windmühlen und Holzschuhe erwarten: denn »Dutch« ist in diesem Fall eine Fehldeutung des Wortes »Deutsch«. Die Deutschen, die im 17. Jahrhundert vor religiösen Verfolgungen in ihrer Heimat ins Land des William Penn flohen, waren Mennoniten. Sie ließen sich 1683 in der Nähe von Philadelphia nieder und gründeten dort Germantown. Eine Gruppe, die sich von den Mennoniten abgespalten hatte, weil sie noch strengere Regeln für das Zusammenleben forderte, wurde nach ihrem Führer, dem Schweizer Jakob Amman, »Amische«

oder »Amish« genannt. Sie stießen zu den Mennoniten in Pennsylvania, und bald bevölkerten Deutsche und Schweizer in so großer Zahl das Gebiet, das heute in etwa das Lancaster County umfaßt, daß man die Gegend »Dutch Country« nannte.

Bereits in Europa hatten die Mennoniten und die Amischen ländliche Gruppen gebildet – da sie in der Stadt Verfolgungen ausgesetzt waren, blieb ihnen keine andere Wahl, als aufs Land zu gehen. Das fruchtbare Ackerland, das sie in Pennsylvania fanden, kam ihren Bedürfnissen entgegen – bis heute sind die Amischen Bauern. Die streng Gläubigen unter ihnen – man nennt sie »Old Order People« – sind noch heute ausschließlich mit Pferd und Wagen unterwegs, bearbei

Ein Leben nach strengen Regeln führen die Amish People bei Lancaster

ten ihre Felder mit dem Pferdepflug und lehnen alle »Segnungen« der modernen Zivilisation, wie Strom, Telefon, Fernsehen, ab. Gekleidet sind sie schlicht und streng, die Männer tragen Bärte und schwarze Hüte, einfache Anzüge. Die Frauen hüllen sich in dunkle Kleider und verbergen das Haar unter einem Spitzenhäubchen.

Im Mittelpunkt steht die Familie

Was auffällt, wenn man durchs Land der Amischen fährt, sind die vielen weißen, soliden Farmen, die inmitten des wogenden Grüns stehen. Mächtige Silos überragen sie, ein Windrad sorgt für Energie, Strommasten fehlen. Um die Haupthäuser wuchern Anbauten: Wenn die Familie wächst, wird angebaut. Die Alten ziehen ins sogenannte »grossdadi house«, selbstverständlich sorgen die Jungen für sie. So eine amische Familie wächst pro Generation um ein Vielfaches, denn natürlich wird keine Geburtenkontrolle durchgeführt – im Durchschnitt hat eine Familie acht Kinder. Das führt zu Problemen, denn das Land ist rar geworden, zu rar, um alle Nachkommen zu ernähren. Die Kinder werden sehr konservativ erzogen, die Rollenverteilung unter den Geschlechtern ist klar und unverrückbar: Die Frauen sind fürs Haus zuständig, die Männer nehmen die öffentlichen Ämter ein, bauen die Häuser, bearbeiten den Boden. Schulerziehung spielt keine große Rolle, die Kinder lernen alles, was sie fürs Leben brauchen, in der täglichen Arbeit mit ihren Eltern. Sogar der Supreme Court hat die Lebensweise der Amish anerkannt: Er befreite die Kinder 1972 von der allgemeinen Schulpflicht und toleriert, daß ein amisches Kind nur acht Jahre zur Schule geht.

Achtung Touristen

Daß die Amischen zur Touristenattraktion geworden sind, daß busseweise die Gaffer durchs Land fahren und die Menschen wie Tiere im Zoo bestaunen, sehen viele der »Old Order People« mit Grauen. Andere nützen die wirtschaftliche Chance, die der Tourismus bietet: Die hübschen Handarbeiten – aus Stoffen gefertigte Decken, sogenannte **Quilts** –, die soliden und formschön gebauten Möbel, die vielen selbstgemachten Marmeladen und andere Agrarprodukte finden reißenden Absatz, und das verbessert natürlich die durch den Mangel an Land kritisch gewordene Situation der Amischen.

In den vielen Restaurants wird gut und reichlich aufgetischt – wo mit dem Schild »Family Style« geworben wird, erwartet Sie ein Buffet mit Applebutter, Krautsalat, Pickles, Hüttenkäse und Brot als Vorspeise, dann gibt es Gemüse, Geflügel, Kartoffelbrei, Nudeln, Hack- und Schweinebraten und zum Schluß Kuchen und Eis – und das alles, soviel man will und bis man bestimmt nicht mehr kann.

Wer durchs Land der Amish fährt, sollte sich der gespaltenen Haltung der Menschen dem Tourismus gegenüber bewußt sein und realisieren, daß die Gegend um Lancaster kein Freilichtmuseum ist, sondern der Lebensraum von Menschen, die sich aus Glaubensgründen entschlossen haben, anders zu leben als der Rest der modernen Welt.

Unbedingt zu respektieren ist, daß die Amischen nicht von vorne fotografiert werden wollen. Die Straßen, auf denen moderne Schlitten neben Kutschen fahren, die Felder mit den Pferdepflügen, über die Flugzeuge gleiten, bieten auch so genug Motive, die den Zusammenprall von zwei Welten verdeutlichen.

Ein Ort namens Intercourse

Urbanes Zentrum des Pennsylvania Dutch County ist **Lancaster** mit seinen schönen Markthallen, in denen man die Produkte der Amischen bewundern und erwerben kann. Touristischer Hauptort ist ein kleines Städtchen, das – welch Ironie in dem sittenstrengen Landstrich – **Intercourse** heißt. Dort sollte man unbedingt haltmachen, bevor man sich auf den vielen kleinen Seitenstraßen durchs Land treiben läßt, denn dort wurde ein Zentrum eingerichtet, in dem man alles über die Amischen erfährt: **People´s Place**. Filme beantworten Fragen, die sich auf der Reise stellen, werben für Respekt und Verständnis für die Lebensweise der Amischen.

Überall in Amish Country werden Fahrten mit dem Buggy, dem Pferdewagen, angeboten, auch verschiedene Häuser stehen zur Besichtigung offen, zum Beispiel: **The Amish Farm and House** an der US 30 (im Sommer täglich 8.30 bis 18 Uhr, Frühjahr und Herbst 8.30 bis 17 Uhr, sonst 8.30 bis 16 Uhr, Eintritt: 4.50 $) und das **Hans Herr House** an der US 222, das 1719 von deutschen Einwanderern erbaut wurde (im Sommer Montag bis Samstag 9 bis 16 Uhr, Eintritt: 3 $).

In Strasburg kann man **The Amish Village** besichtigen, ein Haus aus dem Jahr 1840, zu dem eine Schule und Werkstätten gehören (im Sommer täglich 9 bis 18 Uhr, Frühjahr und Herbst 9 bis 17 Uhr, Eintritt: 5.50 $). Von Strasburg aus verkehrt auch eine alte, dampfbetriebene Eisenbahn, mit der man 45 Minuten durch die Landschaft tuckern kann (im Sommer täglich mehrere Fahrten, Preis 7.25 $).

Übernachten in Black Forest Lodge

Ein einfaches, zentral am Kreuzungspunkt zweier wichtiger Landstraßen gelegenes Hotel, in dem eine besonders freundliche Atmosphäre herrscht. Sein Besitzer ist Deutscher und gerne bereit, mit Tips zu helfen.
Route 896 N./Route 30 E,
21 Eastbrook Road, Ronks,
Tel. 393-2550
Untere Preisklasse

Dauer: 2 Tage

Shenandoah National Park, Charlottesville, Williamsburg, Jamestown

Nur etwa 100 Kilometer von Washington entfernt liegt der Shenandoah National Park mit dem gleichnamigen Tal und den **Blue Ridge Mountains**, die der blonde Barde John Denver unsterblich gemacht hat. Den Park betritt man über **Front Royal**; dort zahlt man seinen Obulus (5 $) und erhält dafür ausführliches Informationsmaterial, das einen mit den Besonderheiten des Gebiets sowie allen Tankstellen, Übernachtungsmöglichkeiten, Restaurants und Rangerstationen bekannt macht, in denen man weitere Auskünfte erhält. Um die landschaftlichen Schönheiten zu genießen, muß man das Auto gar nicht verlassen: Der **Skyline Drive**, eine 170 Kilometer lange Straße, führt auf dem Höhenrücken der Blue Ridge Mountains entlang und bietet spektakuläre Ausblicke über die Hügel und das Tal des Shenandoah. Wer sich die Füße vertreten will, kann kurze Wanderungen unternehmen, die in die wildreichen Wälder und zu Wasserfällen führen. Bleibt man im Auto sitzen, kommt das Wild zu einem: Die Rehe haben gelernt, Autos und ihre Insassen als Futterlieferanten zu schätzen – ein Verhalten, das Sie nicht aus falsch verstandener Tierliebe unterstützen sollten.

Wenn man den Park verläßt und sich auf die US 211 begibt, erreicht man die **Luray Caverns,** die zu den schönsten Tropfsteinhöhlen der Welt zählen (im Sommer 9 bis 19 Uhr, im Frühjahr und Herbst von 9 bis 18 Uhr, Rest des Jahres 9 bis 16 Uhr, Eintritt: 11 $).

Charlottesville und Williamsburg

Verlassen Sie den Park bei **Swift Run Gap** und nehmen Sie den Highway 33 bis **Ruckersville**. Über den Highway 29 South erreichen Sie nach etwa 110 Kilometern **Charlottesville,** dessen Universität – die **University of Virginia** – 1976 zum großartigsten Bauwerk des Landes gekürt wurde. Serpentinenförmige Mauern umschließen das Gelände, das Zentrum der Anlage bildet der **Lawn,** ein terrassiert abfallender Rasen zwischen weißen Kolonnaden. Prunkstück der Stätte des Geistes ist die **Rotunda,** die Thomas Jefferson, dritter US-Präsident und Universitätsgründer, nach dem Vorbild des römischen Pantheon gestaltete. (Während der Unterrichtszeit täglich Führungen ab der Rotunda.) Jeffersons Haus ist im nahen **Monticello** zu besichtigen (im Sommer täglich 8 bis 17 Uhr, sonst 9 bis 16.30 Uhr, Eintritt: 8 $).

Auf der Interstate 64 fährt man von Charlottesville noch etwa 200 Kilometer bis man **Williamsburg,** das koloniale Juwel der Ostküste, erreicht. Williamsburg war die zweite Hauptstadt von Virginia, die 1780 von Richmond entthront und damit dem Verfall preisgegeben wurde. Seine Rettung ist einem Pfarrer und einem Millionär zu verdanken: Der Geistliche lenkte in den 30er Jahren unseres Jahrhunderts die Aufmerksamkeit von John D. Rockefeller Jr. auf die kleine Stadt, und der gab die mehr als 90 Millionen Dollar, die nötig waren, um die alten, noch intakten Häuser zu restaurieren und andere, die bereits unwiederbringlich verloren waren, zu rekonstruieren. Entstanden ist eine vollkommen funktionsfähige Stadt aus der Kolonialzeit mit Geschäften, Kapitol, Gerichtsgebäude und dem Palast des Gouverneurs. Es gibt Restaurants und Kneipen; Ausstellungsgebäude, Gärten und Werkstätten sind zu besichtigen. Durch die Stadt zu spazieren, kostet keinen Eintritt, wer Gebäude von innen sehen will, kauft sich im Visitors Center eines der Tickets, die zwischen 24 und 29 $ kosten. Die **Colonial Williamsburg Historic Area** ist von März bis Dezember von 8.30 bis 18 Uhr, sonst von 9 bis 17 Uhr geöffnet.

10 Kilometer sind es von der zweiten Hauptstadt Virginias zu seiner ersten und damit auch zur ältesten britischen Siedlung an der Ostküste: **Jamestown** wurde 1607, also 13 Jahre vor Plymouth, gegründet.

Nach anfänglichen wirtschaftlichen Schwierigkeiten gelang es 1612 einem Mann namens John Rolfe, hier eine Tabakpflanze zu kultivieren, die bislang nur auf den Westindischen Inseln gewachsen war. 1614 wurde die erste Ladung verschifft, und der englische Markt reagierte begeistert.

Der Weg Virginias und des Südens war damit vorbestimmt. Er hieß Plantagenwirtschaft, und das wiederum bedeutete, daß man Unmengen Landes roden und fruchtbar machen mußte und sowohl dafür als für den Anbau und die Ernte Legionen von Arbeitskräften brauchte. Die aber waren Mangelware in den jungen Kolonien, und so begann man, Sklaven zu importieren. Der Norden und der Süden Amerikas nahmen also bereits in den frühen Jahren eine völlig unterschiedliche Entwicklung: Im Norden etablierte sich eine intellektuelle Kaufmanns- und Händlerschicht, im Süden hielten die Großgrund- und Plantagenbesitzer das Heft in der Hand.

Diese Entwicklung ist in dem Museum, das zum Jamestown Settlement gehört, wunderbar und didaktisch sehr gut aufbereitet dargestellt. Im Freilichtmuseum sind die Schiffe zu sehen, auf denen die ersten Siedler kamen, Hütten und Häuser wurden nachgebaut, in bewährter Weise wird das Leben in der Frühzeit der Kolonien lebendig gemacht. (Geöffnet: Museum ganzjährig 9 bis 17 Uhr, Freilichtmuseum März bis Dezember 9 bis 17 Uhr, Eintritt: 9 $).

Dauer: 4–5 Tage
Karte: → Klappe hinten

ROUTEN UND TOUREN

Das Auto steht gut auf einem der bewachten Parkplätze bei **Woods Hole**, von denen aus man mit dem Shuttle Bus zur Anlegestelle der Fähre gebracht wird. Man kann sich also die Kosten für die Autoverladung sparen und unbeschwert und nur mit kleinem Gepäck beladen die Reise auf die vor Cape Cod gelegene Insel antreten. Nach 45 Minuten erreicht man den kleinen quirligen Ort **Vineyard Haven**, und dort stehen Radverleiher in Hülle und Fülle zur Verfügung.

Flach und viele Radwege

Martha´s Vineyard ist eine kleine Insel: 20 Meilen lang (32 Kilometer) und an der breitesten Stelle 10 Meilen (16 Kilometer) breit. Die drei Hauptorte liegen an der

Martha´s Vineyard
■ I3

Ostseite: Vineyard Haven, Oak Bluffs und **Edgartown**. Sie sind fast auf der gesamten Strecke durch Radwege miteinander verbunden, die an der Küste entlang oder durchs Landesinnere führen. Landschaftlich sehr schön sind die farbigen Klippen von **Gay Head**, die man allerdings nur auf Autostraßen ohne Fahrradwege erreicht. Es empfiehlt sich, in einer der drei Städte Quartier zu beziehen und die Insel auf zwei Touren zu entdecken: Auf der Küstenstraße von Vineyard Haven nach Oak Bluffs (etwa 5 Kilometer), von Oak Bluffs nach Edgartown (etwa 10 Kilometer) und dann zurück durchs Inselinnere von Edgartown nach Vineyard Haven (etwa 13 Kilometer). Am nächsten Tag kann man dann die Tour nach Gay Head machen, die et-

Verschiedenfarbige Lehmschichten färben die Klippen von Gay Head bunt

was mehr Kondition erfordert, denn von Vineyard Haven sind es 29 Kilometer. Dafür kann man, bei den Klippen angekommen, die Hüllen fallen lassen: Hier gibt es – was im prüden Amerika selten ist – einen FKK-Strand.

Trauben, Wale und schöne Strände

Die Insel verdankt ihren Namen der Tochter eines frühen Siedlers und der Tatsache, daß sie mit Trauben bedeckt war. Ihren Reichtum verdankt sie der Walfangindustrie. **Edgartown** war ein bedeutender Walhafen, die prächtigen Häuser aus dem 19. Jahrhundert zeugen noch von dieser Blütezeit. Heute lebt Martha´s Vineyard vom Tourismus – in den Sommermonaten schwillt die Bevölkerung auf 62 000 Menschen an, das Jahr über leben hier nur 12 000 Leute.

Im Sommer schweben auch die Sterne und Sternchen ein – unter ihnen Art Buchwald, Walter Cronkite, Carly Simon und viel, viel Fußvolk. 1993 war sogar Präsident Clinton hier. In den kleinen Städten geht es im Sommer bunt und lebendig zu, wobei **Vineyard Haven** als die ruhigste Stadt gilt – wahrscheinlich, weil hier kein Alkohol verkauft werden darf und dadurch das Nachtleben längst nicht die Auswüchse erreicht wie in **Oak Bluffs**.

Oak Bluffs ist aber nicht nur dafür bekannt, hier stehen auch, kreisförmig um den Oak Bluffs Camp Ground gruppiert, die hübschesten und buntesten viktorianischen Häuser. Wer sich von den Städten entfernt und über Land radelt, wird die ländliche Seite der Insel kennenlernen. Im Landesinneren stehen Farmen, kleine Seitenstraßen führen durch Wälder, zu Seen und abgelegenen Stränden.

Die Küstenstreifen sind von feinem Sand bedeckt, wer von Oak Bluffs nach Edgartown fährt, kann immer wieder vom Rad und ins Wasser steigen. Und muß dabei nicht fürchten, vom »Weißen Hai« verschlungen zu werden. Die Insel war zwar der Drehort des gleichnamigen Films, der mit viel technischer Finesse gefertigte Hauptdarsteller ist aber schon lange wieder nach Hollywood zurückgekehrt und schreckt dort in den Universal Studios die Gäste.

Übernachten im stilvollen Inn

Wenn Sie auf Martha´s Vineyard übernachten wollen und ein Faible für traditionsreiche Häuser haben, dann sind sie im **Thorncroft Inn** in Vineyard Haven genau richtig. Der gepflegte Inn wird sehr freundlich und familiär geführt, einige Zimmer haben sogar ihren eigenen Whirlpool. Im dazugehörigen Restaurant ißt man phantastisch – wenn man allerdings Wein zum Essen trinken will, muß man ihn sich aus dem Nachbarort besorgen. Main Street Vineyard Haven, Tel. 693-3333, 13 Zimmer, Mittlere Preisklasse.

Dauer: 2–3 Tage

WICHTIGE INFORMATIONEN

Auskunft

Fremdenverkehrsamt der USA
Da das Fremdenverkehrsamt der USA seine Filiale in Deutschland geschlossen hat, muß man sich Informationen über die staatlichen Verkehrsämter in den USA besorgen oder sich bei den einzelnen Repräsentanzen in der BRD erkundigen:
Boston:
Tel. 089/2 60 40 77 o. 069/4 20 89 00
Pennsylvania:
Tel. 02204/8 56 78
Virginia:
Tel. 069/29 19 23
Washington D.C.:
Tel. 069/4 95 04 93

Bevölkerung

Die Ostküste zwischen Boston und Washington ist die am dichtesten besiedelte Region der USA. Jeder fünfte Amerikaner lebt hier. Die meisten von ihnen sind nach wie vor Nachkommen europäischer Einwanderer, namentlich aus Irland, Italien und Deutschland, aber auch aus Portugal und Osteuropa. Immer größer wird der Anteil der Schwarzen (über 70% in Washington) und der Hispanier. In New York lebt eine große jüdische Gemeinde. Am attraktivsten erlebt der Besucher den Vielvölkerstaat Amerika dort, wo Einwanderungsgruppen in manchmal streng abgezirkelten Vierteln ihrer Herkunft die Treue halten, besonders in den Chinatowns und Little Italys der Metropolen.

Camping

Plätze für Zelte oder Wohnmobile finden Sie am ehesten in den State und National Parks oder ihrer unmittelbaren Umgebung. Staatlich betriebene Campingplätze sind grundsätzlich preiswerter als private. Letztere können bis zu 30 $ die Nacht kosten, haben dafür aber auch mehr zu bieten. Geöffnet von Mai bis Oktober, sind die **campgrounds** im Juli und August häufig überfüllt. Reservierungen übernehmen die Tourismusbüros der Bundesstaaten; bei der Orientierung helfen die Campingführer von Woodall's oder Rand McNally.

Diplomatische Vertretungen

Botschaft der Bundesrepublik Deutschland in Washington:
4645 Reservoir Rd., NW
Tel. (202) 298-4040

Österreichische Botschaft in Washington:
2343 Massachusetts Ave., NW
Tel. (202) 483-4474

Schweizer Botschaft in Washington:
2900 Cathedral Ave., NW
Tel. (202) 745-7900

US-Botschaft in Deutschland:
Deichmanns Aue 2
53179 Bonn
Tel. 02 28/89 55

In Österreich:
Boltzmanngasse 16a
A-1090 Wien
Tel. 01/31 55 11

In der Schweiz:
Jubiläumstraße 93
CH-3006 Bern
Tel. 022/43 70 11

Feiertage

Banken, Behörden und Büros halten sich dran, Geschäfte nicht immer – an die gesetzlichen Feiertage:
1. Jan. Neujahr
3. Mo im Jan. Martin Luther Kings

Geburtstag
12. Feb. Lincolns Geburtstag
3. Mo im Feb. Washingtons Geburtstag
Letzter Mo im Mai Memorial Day
4. Juli Independence Day
1. Mo im Sep. Labor Day
2. Mo im Okt. Columbus Day
11. Nov. Veteran´s Day
4. Do im Nov. Thanksgiving
25. Dez. Weihnachten
Der 4. Juli wird mit Feuerwerk und Picknick im Freien gefeiert, Thanksgiving ist eher ein Familientag, an dem man zum traditionellen Truthahnessen zusammenkommt. Der Ursprung dieses Brauches liegt in dem ersten Erntedankfest, das die Pilger feierten, nachdem sie das erste harte Jahr in der neuen Heimat überstanden hatten.

Fernsehen

Bis zu 60 Programme sorgen beim verkabelten Hotelgast für Verwirrung. Anspruchsvolle wählen das vom Staat subventionierte **PBS** (Public Broadcasting System) oder den Nachrichtensender **CNN**. »Nationwide« senden auch die berühmten Sender **ABC**, **CBS** und **NBC**, die inzwischen starke Konkurrenz von Rupert Murdochs **Fox TV** bekommen haben. Und Touristen mit Heimweh schwimmen am besten auf der **Deutschen Welle**, die in vielen Hotels zu empfangen ist.

FKK

Amerika ist prüde und hat für hüllenlosen Badespaß kein Verständnis. Im Zweifelsfall ist er sogar verboten. Gleichwohl gibt es, zum Beispiel auf **Cape Cod**, abgelegene Strände oder Dünentäler, wo man sich zwar nicht zur Schau stellen, aber ohne Augenzeugen nahtlos bräunen kann.

Insgesamt aber muß man darauf gefaßt sein, daß die Prüderie so weit geht, daß man sich sogar mit Badeanzug in die Hotelsauna setzen muß.

Wechselkurs-Umrechnungstabelle

US $	DM	sFr	ÖS
1	1,60	1,33	11,20
5	8,00	6,64	56,00
10	16,00	13,28	112,00
20	32,00	26,56	224,00
30	48,00	39,84	336,00
50	80,00	66,40	560,00
100	160,00	132,80	1120,00
200	320,00	265,60	2240,00
300	480,00	398,40	3360,00
500	800,00	664,00	5600,00
1000	1 600,00	1 328,00	11 200,00

Stand: Juni 1996

WICHTIGE INFORMATIONEN

Geld

Obwohl in den USA fast alles mit **Kreditkarte** bezahlt werden kann, kommt man noch nicht ganz ohne Dollarnoten aus. Die haben jedoch ihre Tücken. Zum einen unterscheiden sich die einzelnen Werte weder in Größe noch Farbe und können so leicht verwechselt werden. Zum anderen werden Sie wegen jeder Note über 20 $ schief angesehen. Aus Furcht vor Falschgeld wird sich Ihr Taxifahrer weigern und Ihr Kellner oder Verkäufer zumindest zögern, sie anzunehmen.

Quarters (25 Cents), **dimes** (10 Cents) und **nickels** (5 Cents) sollten Sie dagegen horten. Beim Telefonieren oder Busfahren zum Beispiel sind sie Gold wert.

Und noch etwas: Reisen Sie mit **Travellerschecks** und Kreditkarte(n) und lassen Sie Eurocheques und Ihre Landeswährung daheim. Es wäre teuer bis unmöglich, sie in Dollars umzutauschen. Wenn Sie Reiseschecks in kleiner Stückelung, also 20 $ und höchstens 50 $, dabeihaben, können Sie damit auch ohne Probleme im Supermarkt oder an der Tankstelle zahlen.

Kleidung

Wer amerikanische Touristen in Europa erlebt hat, wird meinen, in den USA gäbe es keine Kleidungsvorschriften. Tatsächlich darf man auf der Straße so ziemlich alles tragen, solange man eher an- als ausgezogen ist.

Strenger sind die Regeln beim Ausgehen am Abend. Da steht man ohne Schlips und Jackett nicht selten vor verschlossenen Türen.

Auch wer geschäftlich in den USA unterwegs ist, sollte bedenken, daß man sich hier konservativer kleidet als bei uns. Das heißt:

für Damen das Schneiderkostüm, für Herren Anzug. Übrigens: Wer in New York durch sein Outfit auffallen will, der muß sich schon etwas einfallen lassen.

Maßeinheiten

In den USA wird immer noch in einem nicht-metrischen System gemessen.

Längen
1 inch (in) = 2,54 cm
1 foot (ft) = 30,48 cm
1 yard /yd) = 91,44 cm
1 mile (mi) = 1,609 km

Flüssigkeiten
1 fluid ounce (fl.oz) = 29,57 ml
1 pint (pt) = 0,47 l
1 quart (qt) = 0,95 l
1 gallon (gal) = 3,79 l

Gewichte
1 ounce (oz) = 28,35 g
1 pound (lb) = 453,59 g

Medizinische Versorgung

Selbst wenn Hillary Clinton mit ihrer Gesundheitsreform durchkommt, haben Sie als Tourist gar nichts davon. Deshalb sollten Sie zu Hause unbedingt eine Reisekrankenversicherung abschließen, bevor Sie in die USA aufbrechen.

Wenn Sie dann tatsächlich zum Arzt (deutschsprachige Medizinmänner nennt Ihnen im Notfall Ihre Botschaft) müssen, bekommen Sie sein (sattes) Honorar wenigstens ersetzt. Lassen Sie sich aber eine detaillierte Rechnung geben! Ihr Medikament besorgen Sie sich in der **pharmacy**, die Sie meist in den größeren Drugstores finden.

Notruf

Einheitlich im ganzen Land 911.

In Notfällen stellt auch der **operator** die richtige Verbindung her; man wählt ihn oder sie mit 0 an.

Post

Die **post offices** sind, im Gegensatz zur Telekommunikation, in staatlicher Hand und dementsprechend langsam im Service. Um lange Schlangen zu vermeiden, kaufen Sie sich Ihre Marken am besten kurz nach Öffnung (8 Uhr) oder kurz vor Torschluß (17 Uhr).

Luftpost bis 14 Gramm kostet 50 Cents und ist mindestens 5 Tage in Ihre Heimat unterwegs, eine Postkarte frankieren Sie mit 40 Cents.

Auf Sendungen per Schiffpost wartet man sechs bis neun Wochen.

Reisedokumente

Falls Sie nicht länger als 90 Tage in den Staaten bleiben möchten und das (zum Beispiel per Rückflugticket) beweisen können, reicht Ihr Reisepaß zur Einreise. Übrigens: Personalausweise sind in den USA wertlose, da unbekannte Dokumente. Dafür kann man sich aber oft mit dem Führerschein ausweisen.

Reisewetter

Das Klima an der Ostküste neigt zu größeren Extremen als in Mitteleuropa. Die Winter können, vor allem in den Hochhausschluchten der Großstädte, schneidend kalt sein. Im Sommer ist es dagegen oft heiß und schwül. Andererseits gibt es kaum ein Gebäude ohne Klimaanlage und damit viele Möglichkeiten, sich zu erkälten. Die besten Reisezeiten sind Frühling und Herbst.

Rundfunk

Die Deutsche Welle empfangen Sie auf verschiedenen Kurzwellenfrequenzen. Programmfaltblätter mitsamt Frequenzlisten gibt es bei:
Deutsche Welle
ÖffentlichkeitsarbeitPostfach 100444
50588 Köln
Tel. 0221/3890

Die genauen Klimadaten von **New York**:

	Durchschnittstemperaturen in °C		Sonnenstunden	Regentage
	Tag	Nacht	pro Tag	
Januar	4,4	-3,5	4,5	12
Februar	4.5	-3,7	5,9	10
März	9,2	0,4	6,8	12
April	14,4	5,4	7,9	11
Mai	20,6	11,4	8,3	11
Juni	25,4	16,6	9,5	10
Juli	27,9	19,4	9,2	11
August	26,9	18,9	8,4	10
September	23,6	15,6	7,5	9
Oktober	18,1	9,7	6,5	9
November	11,7	4,2	5,4	9
Dezember	5,8	-1,7	4,3	10

Quelle: Deutscher Wetterdienst, Offenbach

Sprache

Ein paar Brocken Englisch sollten Sie schon zustandebringen. Das steigert Ihr Reisevergnügen und bringt Ihnen die uneingeschränkte Bewunderung der Amerikaner ein, die immer staunen, wenn jemand noch eine andere außer seiner Muttersprache beherrscht. Im Zweifelsfall werden sich Ihre Gastgeber aber rührend bemühen, auch Ihre Zeichensprache zu verstehen.

Steuern

Freuen Sie sich nicht zu früh, wenn Sie beim Einkaufen etwas entdecken, das Sie für ein Schnäppchen halten: Der ausgezeichnete Preis der Ware ist nicht der Endpreis. Es kommt noch eine **sales tax** hinzu, die von Staat zu Staat variiert (zwischen 4–7%). Auch auf die Hotelpreise werden Steuern erhoben – erkundigen Sie sich also nach den Endpreisen, die die Steuer enthalten.

Stromspannung

Um für die 110 Volt aus den amerikanischen Steckdosen gerüstet zu sein, sollten Sie sich zu Hause einen Adapter besorgen.

Telefon

Die Konkurrenz privater Unternehmen macht das Telefonieren grundsätzlich preiswerter als daheim, es sei denn, Sie rufen aus Ihrem Hotel an. Solche Unvorsichtigkeit müssen Sie mit bis zu 300% Aufschlag bezahlen. Besonders clevere Touristen umgehen dies mit der Telefonkarte einer der großen Gesellschaften (etwa Sprint, AT&T oder MCI), die man auch vom Hotel gebührenfrei mit einer 800er Nummer anrufen kann. Das macht auch das Telefonieren in die Heimat einfacher, das von öffentlichen Telefonen aus eine Unmenge **quarters** verschlucken würde.

Vorwahlen
D, A, Ch → USA 001
USA → D 01149
USA → A 01143
USA → CH 01141

Tiere

Lassen Sie Ihr Haustier daheim. Der achtstündige Flug wäre zu qualvoll, und an vielen Orten, Restaurants etwa, muß Ihr Liebling ohnehin draußen bleiben. Wenn Sie sich aus irgendeinem Grund aber doch nicht von Ihrem Hund trennen

Ihr Name ist Legende: die Fifth Avenue in New York

können, so ist es gut zu wissen, daß er problemlos und nur mit den üblichen Impfungen ausgestattet, einreisen kann.

Trinkgeld

Seien Sie bitte nicht knausrig; Ihre Dienstleister sind nämlich darauf angewiesen! Im Service Beschäftigte leben von dem Geld, das ihnen der zufriedene Kunde zusteckt – und siehe, dieses System wirkt Wunder. Es gibt kaum muffige Kellner, kaum unfreundliche Hotelangestellte. Jeder gibt sich Mühe, den Kunden, von dem er bezahlt wird, zuvorkommend zu bedienen.

Bei schlechtem Service kann man das Bedienungsgeld reduzieren, bei gutem gibt man gerne mehr als das, was in der Regel bezahlt wird. Das ist 1 $ pro Gepäckstück für denjenigen, der die Koffer ins Zimmer trägt. 15% für Taxifahrer; 15%–20% für Kellner. Für sie ist das Trinkgeld kein Zubrot, sondern ihr Verdienst. Kontrollieren Sie aber die Rechnung: In Restaurants, in denen viele Touristen verkehren, setzt man manchmal das Bedienungsgeld schon auf die Rechnung.

Wirtschaft

Es geht wieder aufwärts mit Amerika. Die Rezession scheint überwunden, die Arbeitslosenzahlen sind gesunken. Trotzdem ist der Mittelstand mit der wirtschaftlichen Entwicklung nicht glücklich.

Die Befürchtung, daß sich Amerika auf die Zwei-Klassen-Gesellschaft zubewegt, hat durchaus reale Gründe. In den Großstädten sehen Sie die Kehrseite der Medaille: die **homeless people**, die Obdachlosen. 100 000 soll es in New York geben, 10 000 in Washington. Viele von ihnen sind psychisch krank; in der Reagan-Ära verfiel man auf die grandiose Lösung, jeden, der halbwegs funktionierte, aus den psychiatrischen Anstalten zu werfen, um Kosten zu sparen. Wenn Sie Pech haben, treffen Sie auch auf Hoffnungslose, die sich an Ihrer Geldbörse aus dem Elend ziehen wollen.

Zeitungen

An der Ostküste werden einige der besten Zeitungen der USA gedruckt. Aber selbst **New York Times** oder **Washington Post** interessieren sich für Ihre Heimat allenfalls als Gegenstand amerikanischer Außenpolitik.

Für Nachrichten von zu Hause sind Sie also auf deutschsprachige Blätter angewiesen, und die bekommen Sie nur an einigen wenigen **International Newsstands**.

Zeitverschiebung

Die Ostküste hinkt unserer Zeit um sechs Stunden hinterher. Sommerzeit gilt von Mai bis Oktober. Bei der Angabe der Uhrzeit verwendet man nur die Zahlen 1–12 und präzisiert, ob es sich um Vormittag oder Nachmittag handelt, indem man ein **a.m.** (von Mitternacht bis Mittag) oder **p.m.** (von Mittag bis Mitternacht) hinzufügt. 1 a.m. ist also ein Uhr nachts, 1 p.m. 13 Uhr.

Zoll

Bei der Einfuhr von Lebensmitteln sehen US-Zöllner fast ebenso rot wie bei Drogen. Keinen Apfel, kein Wurstbrot darf man mit über die Grenze nehmen. Ansonsten gelten die üblichen Mengenbeschränkungen.

WICHTIGE INFORMATIONEN

1492
Christoph Kolumbus entdeckt den amerikanischen Kontinent.

1607
Die Virginia Colony in Jamestown, erste dauerhafte englische Siedlung in Amerika, wird gegründet.

1612
In Virginia gelingt es erstmals, Tabak anzubauen. Damit entscheidet sich das Schicksal des Südens: Hier wird künftig Plantagenwirtschaft betrieben.

1620
Die Mayflower landet an der Ostküste. Die Pilgerväter errichten die Plymouth Colony und die erste permanente Siedlung in Neuengland.

1624
Die ersten Siedler lassen sich in New York, damals noch Neu Amsterdam, nieder.

1681
William Penn, ein Quäker, erhält vom König Land westlich des Delaware River. Gründung der Stadt Philadelphia.

1692
Hexenprozesse in Salem, Massachusetts.

1699
Williamsburg wird Hauptstadt von Virginia.

1773
Boston Tea Party: Die Kolonisten wehren sich gegen die Besteuerung durch die englische Krone.

1775
Mit ersten Gefechten in Lexington und Concord in Massachusetts beginnt der Befreiungskrieg.

1776
In Philadelphia wird die Unabhängigkeitserklärung unterzeichnet und überall im Land verlesen.

1781
Ende des Unabhängigkeitskrieges: Bei Yorktown in Virginia kapitulieren die britischen Truppen.

1784–1788
Das Land erlebt eine wirtschaftliche Depression. Man sucht neue Märkte: Die »Empress of China« segelt von New York nach Canton.

1788
Die Verfassung wird verabschiedet.

1789
George Washington leistet seinen Amtseid als erster Präsident. New York wird für ein Jahr Bundeshauptstadt.

1790
Der Kongreß einigt sich über den Standort der neuen Hauptstadt Washington. Zunächst wird aber Philadelphia Regierungssitz.

1792
Baubeginn in Washington. Ein Jahr später legt Washington den Grundstein für das Kapitol.

1820
New York ist mit 124 000 Einwohnern die größte Stadt der USA, Philadelphia zählt 113 000 Einwohner, Baltimore 63 000, Boston 43 000.

1820–1860
Die große Zeit des Walfangs; neuenglische Seefahrer befahren die Weltmeere auf der Suche nach Beute.

1823
Präsident Monroe verkündet seine Doktrin des Isolationismus.

1827
Die Baltimore and Ohio Railroad wird gegründet.

1845/1846
Kartoffelfäule in Irland; Tausende von irischen Einwanderern kommen in die USA.

1848
In Deutschland scheitert eine Revolution. Die Intellektuellen, die auswandern, lassen sich vor allem in New York nieder. In Kalifornien wird Gold gefunden.

1861–1865
Bürgerkrieg. Er endet mit dem Sieg der Nordstaaten und der Abschaffung der Sklaverei.

1865
Ermordung Präsident Lincolns.

1870
Wahlrecht für die Schwarzen.

1886
Einweihung der Freiheitsstatue.

1892
Ellis Island wird zur Aufnahmestelle für Einwanderer.

1917
Die USA treten in den Ersten Weltkrieg ein.

1919
Beginn der Prohibition. Sie wird erst 1933 wieder aufgehoben.

1920
Wahlrecht für die Frauen.

1927
Charles Lindbergh landet nach seinem Flug von Paris in New York.

1929
Dem Börsenkrach im Oktober folgt die große Depression.

1935
Mit dem Social Security Act werden Arbeitslosenversicherung, Alters- und Witwenrente eingeführt.

1941
Eintritt der USA in den Zweiten Weltkrieg.

1950–1953
Koreakrieg.

1954
Der Supreme Court erklärt die Rassentrennung für verfassungswidrig.

1960
John F. Kennedy wird Präsident.

1963
Ermordung John F. Kennedys in Dallas, Texas. Martin Luther King Jr. hält in Washington seine berühmte »I have a dream«-Rede.

1964
Beginn des Vietnamkriegs.

1972
Beginn der Watergate-Affäre, die 1974 zum Rücktritt Präsident Nixons führt.

1973
Der Vietnamkrieg endet mit dem Frieden von Paris.

1992
Die Wahl Bill Clintons beendet zwölf Jahre republikanischer Präsidentschaft.

1996
Präsidentschaftswahl. Gegen Bill Clinton tritt der Republikaner Bob Dole an.

WICHTIGE INFORMATIONEN

An unsere Leserinnen und Leser:

Wir freuen uns, Ihre Meinung zu diesem Reiseführer zu erfahren. Bitte schreiben Sie uns, wenn Sie Berichtigungen und Ergänzungsvorschläge haben oder wenn Ihnen etwas besonders gut gefällt:

Gräfe und Unzer Verlag
Reiseredaktion
Stichwort: MERIAN live!
Postfach 40 07 09
Isabellastraße 32
80707 München

Lektorat: Claudia Bruckmann
Bildredaktion: Jan Scherping
Kartenredaktion: Reinhard Piontkowski, Markus Röleke
Redaktion für die 2. Auflage:
Petra Riedhammer

Gestaltung: Ludwig Kaiser
Umschlagfoto: T. Stankiewitz/World Trade Center
Karten: Kartographie Huber
Produktion: Helmut Giersberg
Satz: A. und M. Hubert
Druck und Bindung: Appl, Wemding
ISBN 3–7742–0315–6

Fotos:
M. Hannwacker: 2, 5, 7, 12, 13, 16, 18, 19, 23, 24, 28, 31, 36, 39, 42, 43, 46, 52, 61, 65, 79, 81, 83, 85, 89, 91, 93, 94, 95, 96, 98, 99, 101, 102, 106, 109
P.-A. Hoffmann: 4
M. Radkai: 55, 60, 104/105
P. Spierenburg: 8, 21, 27, 57, 77, 114
Th. Stankiewicz: 33
M. Thomas: 6, 11, 14, 29, 34, 45, 47, 49, 63, 66, 70/71, 74, 107, 120

Dieses Buch wurde auf chlorfrei gebleichtem Papier gedruckt

2. aktualisierte Auflage 1996
© 1995 Gräfe und Unzer Verlag GmbH, München